Albert Schnarwiler

Lebe ich noch
oder
bin ich schon tot?

Dieses Buch widme ich wiederum meiner Tochter Natasha und ihren gleichaltrigen Kollegen auf der ganzen Erdkugel, welche in ihrem Berufs- und Privatleben bereits einen Teil der in diesem Buch beschriebenen Probleme kennenlernen werden.

Für das Durchlesen des Manuskriptes danke ich meinen Schwestern Martha und Vreny und meinem besten Schulkollegen.

Albert Schnarwiler

Lebe ich noch oder bin ich schon tot?

Das Leben heute und in der Zukunft

Bibliografische Information der Deutschen Bibliothek

Die Deutsche Bibliothek verzeichnet diese Publikation in der Deutschen Nationalbibliografie; detaillierte bibliografische Daten sind im Internet über dnb.dnb.de abrufbar.

Herstellung und Verlag

BoD – Books on Demand, Norderstedt

ISBN: 978-3-7504-2786-0

Inhaltsverzeichnis

Vorwort 1

Warum wurde der Buchtitel «Lebe ich noch oder bin ich schon tot?» gewählt?

Dies können sich Milliarden von Menschen auf dieser Erde fragen. Es geht nicht allein um das physische Leben, sondern allgemein, wie man lebt und was Leben überhaupt bedeutet. Auch bei der unnötigen Einkerkerung von Hunderten Millionen von Menschen anlässlich des Corona-Virus während den Jahren 2020-2022 haben sich sicher viele diese Frage gestellt.

Bei allen Hauptkapiteln dieses Buches ist der Buchtitel «Lebe ich noch oder bin ich schon tot?» ungeschrieben in irgendeiner Weise inbegriffen. Ob jemand arbeitslos ist, ob er vom Chaos auf Erden oder vom Kollaps der Natur betroffen ist, ob er von der Reduzierung der Bevölkerung tangiert wird, ob er Ungleichbehandlung erfährt, ob er mit Lebenssinn oder Illusionen beschäftigt ist, ob er mit Geschlechts-/Partnerschaftsproblemen kämpft, immer gibt es Momente, wo man sich diese Frage stellt oder stellen kann.

Im Text sind Personenbezeichnungen immer in der maskulinen Form erwähnt, um das Lesen nicht unnötig mühsam zu machen. Der routinierte Leser – sofern erwünscht – bildet beim Lesen automatisch die feminine Form dazu, z.B. Politiker/Politikerin, Leser/Leserin, Beamter/Beamtin, etc.

Die Sprachwissenschaftler werden gefordert, um für dieses Problem eine Lösung zu erarbeiten, d.h. ein geschlechtsneutrales Wort für alle Personenbezeichnungen zu finden, denn in Zukunft weiss man nicht mehr Bescheid über das wahre

Geschlecht einer Person.
Ja, im Prinzip müsste es einen geschlechtsneutralen Artikel geben, d.h. «der, die, das» sollte durch einen einzigen Artikel ersetzt (wie im Englischen) oder ganz weggelassen werden.

Vorwort 2

Dies ist mein drittes (und letztes) Buch – wieder ein Sachbuch. Das erste Buch «Der geistige Kannibalismus» ist die Basis für die im zweiten Buch «Das Paradies-Virus» und jetzt im dritten Buch beschriebenen Ereignisse.

«Der geistige Kannibalismus», als reines Sachbuch, beschreibt die Oberflächlichkeit und Dummheit in der Vergangenheit, Gegenwart und Zukunft von 90 % der Erdbevölkerung.
Der geistige Kannibalismus ist der heutige Zustand auf dem Planeten Erde, geprägt einerseits durch die Ignoranz, die Machtbegierde und die krankhaften (finanziellen) Ambitionen der «Elite» und andererseits durch die Interesselosigkeit und die Dummheit der «Normalen».
Unsere Zeit wird markiert durch Geistlosigkeit, Desinteresse und Leichtgläubigkeit. Durch falsche Erziehung, rückständige Bildungssysteme, Datenflut im Internet (Fakten und Fake News), substanzarme Fernsehprogramme und geisttötende Freizeitvergnügen nimmt die intellektuelle Verarmung immer mehr zu.
Der Inhalt des Buches «Der geistige Kannibalismus» ist eigentlich nicht provokativ, weil er wahr ist. Dieses Buch zeigt die wahre Situation auf dieser Erde. Trotzdem empfinden es viele Leute als Provokation, weil sie die Wahrheit nicht kennen wollen. Diese Leute finden die Wahrheit unangenehm. Diese Leute leben lieber in ihrer Illusion weiter, während sich die Probleme auf der Erde immer mehr anhäufen: Ignoranz, Denkfaulheit, Intoleranz, Gleichgültigkeit, Rassenhass, Religionsfanatismus, Verlogenheit, Klassengesellschaft, Ungerechtigkeit, Überbevölkerung, Umweltverschmutzung etc. etc.

«Das Paradies-Virus» ist eine Erzählung (Science Fiction und doch nicht Science Fiction, da bereits heute möglich), worin eine relativ kleine, weltweit aktive, aber bestens organisierte Partei zur Erkenntnis gelangt, dass sie mit rein demokratischen Mitteln (Wahlen) keine Chance hat, das dringendste Problem auf der Erde, die Überbevölkerung, zu lösen, so dass sie zu einem Virus greift, welches dann im Jahre 2037 98 % der Menschheit innert weniger Tage zu Staub werden lässt, so dass sich die Natur von selbst wieder regeneriert und die Klimaerwärmung kein Thema mehr ist.

Mein drittes Buch (dieses Buch) «Lebe ich noch oder bin ich schon tot?» handelt von der heutigen Situation und von der Zukunft des Planeten Erde und seiner Bewohner angesichts der Überbevölkerung dieser Erde, der kämpfenden Natur gegen die Umweltverschmutzung in irgendeiner Form, der dramatischen klimatischen Veränderungen und der rasanten technischen Entwicklungen.

A) Teil 1 - Das Leben der Bürger – gestern, heute und immer

Das Leben aller Bürger wird immer etwas komplizierter, aber auch in gewissen Bereichen etwas einfacher, beides dank der Digitalisierung.
Das Leben der einfachen und wenig finanziell bemittelten Bürger ist jedoch heutzutage ohne Zweifel schwierig und wird in Zukunft noch schwieriger – verglichen mit der nahen Vergangenheit. Nach dem Ende des 2. Weltkrieges ging es dem einfachen Bürger in der westlichen Welt im Allgemeinen stetig etwas besser. In den letzten Jahren stagnierte jedoch die Besserung und die Tendenz für die Zukunft sieht eher negativ aus.

1.1. Gleiche Rechte für alle

Die UNO erarbeitete die allgemeine Erklärung für Menschenrechte, die 1948 verabschiedet wurde. Der erste Satz verheisst eine bessere Welt:

«Alle Menschen sind frei und gleich an Würde und Rechten geboren».

Die Betonung liegt auf «alle»!

In welchem Land gilt dieser Satz? Ganz klar in keinem Lande auf dieser Erde!

Unter «gleiche Rechte für alle» geht es nicht um finanzielle Gleichheit, sondern um Gleichheit bei der Behandlung der Menschen in jeder Hinsicht und um Gleichheit bei den zur Verfügung stehenden Möglichkeiten, wobei immer auch finanzielle Elemente mitspielen. Die finanzielle Gleichheit ist nicht wünschenswert und nicht erreichbar, da jeder Mensch, was Geld anbelangt, verschiedene Vorstellungen und Ansprüche hat.

Die Pandemie des Corona-Virus hat in allen Ländern die schon lange existierenden Probleme der Ungleichheiten, Unterdrückungen, Diskriminierungen noch mehr ins Licht gerückt. Sei es bei den Lockdowns, bei der Verteilung von Geld und/oder Lebensmitteln an Bedürftige und Arbeitslose, bei den Impfungen, etc. wurde vielfach nicht mit der gleichen Elle gemessen. Ein gutes Beispiel sind die vom Volk salarierten Politiker und Angestellten, die während der Lockdowns in fast allen Ländern gleichwohl den vollständigen Lohn kriegten, auch wenn sie in dieser Zeit überhaupt nicht oder wenig gearbeitet haben. Währenddessen erhielten die arbeitslos

gewordenen Angestellten eine – gegenüber vorher – tiefere Vergütung (Arbeitslosengeld) und auch nur in den wohlhabenderen Ländern. Die Hunderte von Millionen von Frauen und Männer auf der ganzen Erde, welche nicht fest angestellt waren oder als Selbständige ihren Lebensunterhalt verdienten, verloren wegen den Lockdowns ihre kargen Einkünfte ganz oder teilweise. Wenn nicht Organisationen und einzelne Menschen grosszügigerweise Lebensmittel für diese Leute bereitgestellt hätten, wären mehr an Unterernährung als am Corona-Virus gestorben.
Und wo bleiben z.B. heute die Prozesse gegen die Verantwortlichen der Lockdowns, die unverantwortlich, unkontrolliert und sträflich organisiert wurden?

Ein gutes Beispiel der nicht gleichen Rechte ist die Arbeitswelt im Allgemeinen. Denken wir nur an die vielen Frauen in aller Welt, die ihren Job mit gleicher Effizienz ausüben, jedoch einen geringeren Lohn erhalten! In vielen Teilen der Erde gibt es leider auch noch arbeitende Menschen, die schlecht behandelt und ausgenützt werden, keinen Lohn oder nur einen kleinen Teil des entsprechenden Lohnes erhalten. Vielleicht werden sie von Kollegen drangsaliert und vom Chef ignoriert.

Die Ungleichbehandlung der Frauen bei der Karriere, beim Arbeitslohn, sollte schon seit jeher gar nie existiert haben, wobei man jedoch bedenken muss, dass der gleiche Lohn für den gleichen Job nur bezahlt wird, sofern alle ihn mit gleicher Effizienz ausüben und/oder den gleichen physischen Aufwand erbringen.

Die Frauen im Allgemeinen kämpfen heute für gleiche Rechte, was gerechtfertigt ist, müssen dann aber auch alle

Gleichheiten auf sich nehmen, d.h. dann auch, dass es keine Frauenparkplätze, keine Frauenquoten (Politik, Unternehmungen), keine Privilegien bei Pensionen, etc. mehr gibt (z.B. Pensionsalter = Summe der durchschnittlichen Lebenserwartung bei Männern und Frauen, dividiert durch 2, minus 17 Jahre). Die Geschlechterfrage (Frau, Mann und alle Zwischenformen) sollte in keinem Falle mehr Unterschiede erzeugen und auf Formularen und digitalen Registrierungen soll die Geschlechtsangabe wegfallen. Dies heisst aber auch, dass z.B. in jedem Sport (oder anderen Veranstaltungen) nur eine Kategorie existiert – keine Damen- und Herrenteams, nur ein Team – kein Frauen- und Herrenturnen, nur Turnen, etc. etc. Dann gibt es auch die Diskussionen und die diskriminierenden Untersuchungen im Profi-Sport – ob Mann oder Frau – nicht mehr. Die momentan noch vorhandenen physischen und psychologischen Unterschiede bei Mann und Frau gleichen sich mit der Zeit aus. Schon heute ist nicht jede Frau, nicht jeder Mann gleich stark, gleich schnell, gleich reaktionsschnell, flink, etc., so dass nicht jeder bei jedem Sport professionell mit Erfolg teilnehmen kann. Die Wörter «Mann, Frau, Herr, Dame» werden weggelassen oder durch einen allgemeinen Namen ersetzt. Alle können überall mitmachen, auch bei Modetrends. Jeder kleidet sich wie er will. Es gibt nur Mode für Erwachsene und Kinder. Toiletten/WC's sind ebenfalls für alle benützbar und nicht getrennt.

Wenn die Frauen die gleichen Rechte wie die Männer beanspruchen, müssten sie auch vorher die feministischen Waffen, wie grosse Busenausschnitte und sehr kurze Röcke, auch wenn sie den Männern gut gefallen, eliminieren, denn sie sind nicht ein Zeichen für Reife und Selbstbewusstsein, sondern eher für Schwäche und Unsicherheit im Auftreten.

Die Hausarbeit ist ein gerngesehenes Thema für die Psychologen und Soziologen. Hier muss man ganz klar unterscheiden, ob eine Frau lieber die Hausarbeit macht oder ob sie gerne mindestens Teilzeit eine andere Arbeit erledigen möchte. Für den letzteren Fall wäre es sinnvoll, schon vor dem Zusammenleben in einem Vertrag dies zu regeln.
Was die heutige Hausarbeit anbelangt, kann man ruhig sagen, dass ein Mann oder eine Frau diese Arbeit mit zwei Kleinkindern mühelos allein bewältigt, ja sogar mit einem schönen Prozentsatz an Freizeit, sofern man gut organisieren kann und kein Chaot ist.

Die Politik spricht häufig von der Reduzierung der Armut auf der ganzen Erde, aber sie nimmt eher zu als ab. Es gibt Voraussagen, die von der zukünftigen Eliminierung der Armut sprechen, ohne Faktoren, wie Bevölkerungsentwicklung, Anforderungen an Arbeitswillige, richtige Ausbildung, Ausbildungsort, etc. zu berücksichtigen.

Es gibt extreme Neureiche auf der ganzen Welt, die mit ihrem Reichtum provozieren (wollen), die z.B. für eine Brieftaube 1,7 Mio. US$, für eine Yacht 20 Mio. US$, etc. etc. bezahlen. Dabei hätte es genügend arme Leute und genügend Institutionen/NGO, welche solchen Leuten versuchen zu helfen, um mit eigener Kraft auf einen grünen Zweig zu gelangen, d.h. es geht nicht um die Verteilung von Geld, sondern darum, Situationen zu schaffen, die mit produktiver Arbeit und/oder Ideen ermöglichen, Einkommen zu generieren.

Wo sind die gleichen Rechte bei der Schulung vom Kindergarten bis zur Universität? Zweifellos gibt es sie nicht, wobei Unterschiede von Land zu Land vorhanden sind. Durch diese Ungleichheiten bei der Ausbildung öffnet sich die Einkommensschere immer mehr. Selbst mit gleichem Uni-Abschluss gibt es grosse Differenzen, die hauptsächlich von Faktoren wie berühmte Familien und ausgezeichnete und lukrative Verbindungen herrühren.

Bei den Unterschieden in der Schulung der Kinder und Jugendlichen beginnt das Problem der Ungleichheiten, d.h. schlechtere Schulen bedeuten meistens unbedeutendere Arbeiten und weniger Lohn und dies das ganze Leben lang. Nur extremer Einsatz oder spezielle natürliche Begabungen können schlechtere Schulen und andere negative Faktoren ausgleichen.

Der Staat könnte und sollte hier positiv eingreifen, indem er wenigstens alle Schulen auf ein ungefähr gleiches qualitatives Niveau stellt und den Zugang zu allen Schulen/Universitäten kostenlos offeriert, selbstverständlich nur, sofern jemand für das entsprechende Niveau von Ausbildung fähig ist.

1.1.1. Die Ungleichbehandlungen des kleinen Bürgers

Nehmen wir an, sie sind ein kleiner Bürger irgendeines westlichen Landes, den – ausser seiner Familie und seinem Bekannten-/Freundeskreis – niemand kennt. Sie wollen ihr Haus einer kleinen Renovation unterziehen und benötigen dazu eine relativ grosse Bürokratie. Bis die Bewilligung vorliegt, geht es Wochen und Monate. Bei kleinsten Differenzen bei den Vorschriften müssen sie wieder fast alle Pläne und die Eingabe neu erstellen, und dies teilweise mehrmals. Wenn dann die Bewilligung endlich vorliegt, werden sie bei der Ausführung von unfreundlichen, mürrischen Beamten strikt kontrolliert und teilweise schikaniert.

Nehmen wir auch an, dass zur gleichen Zeit ein Mehrbesserer (ein Spitzensportler, ein Politiker, ein Fernsehstar, etc.) ein ähnliches, fast gleiches Bauprojekt hat. Die Bewilligung in diesem Falle geht schnell über die Bühne – ein paar Wochen höchstens. Bei Differenzen helfen die Behördenmitglieder selbst, um das Projekt den Vorschriften «anzugleichen» – keine Neuerstellungen von Plänen und keine Bürokratie, höchstens ein paar Formulare. Bei der Renovation kommen dann ein paar freundliche «Höhere» vorbei, um dem Bauherrn zu gratulieren.

Sie gehen zur Informationseinholung in ein Regierungsbüro, wo sie zuerst mehr oder weniger lang warten, während die Beamten ihre Privatgespräche führen oder das Smartphone gerade eine Mitteilung sendet. Dann fragt sie ein «gestresster» Beamter, was sie wollen. Sie stellen ihre gezielte Frage und erhalten eine unverbindliche oder – wenn sie Glück haben – die erwartete Antwort, fast immer aber nicht auf sympathische Art und Weise.

Der Mehrbessere geht zum Regierungsbüro, wo sofort ein lebhaftes Arbeiten vorgetäuscht wird und ein Beamter ganz freundlich fragt, was er möchte. Er formuliert seine Frage und erhält viele Informationen, zum Teil sogar schriftlich.

Regierende bestimmen, dass der Autoverkehr in einer bestimmten Gegend nur alternativ – jeden zweiten Tag, mit geraden/ungeraden Nummernschildern – möglich ist.
Der kleine Bürger kann an jedem zweiten Tag nur mit vielen Umwegen zur Arbeit gehen, während der Vermögende dann einfach zwei Autos besitzt – einmal mit gerader, einmal mit ungerader Nummer.

Sie haben das Corona-Virus, sind 75 Jahre alt und beziehen Sauerstoff aus der letzten Sauerstoffmaske. Jetzt kommt ein junger Patient mit Corona und mit Beziehungen und benötigt Sauerstoff. Ihre Sauerstoffmaske wird Ihnen weggenommen, gereinigt und dem jungen Patienten auf das Gesicht gedrückt, während sie nach Luft ringen und bald sterben.

Der Mehrbessere mit Corona-Virus, 76 Jahre alt und mit Atemnot kommt ins Spital. Es hat keine freien Beatmungsgeräte mehr. Der miserabelste und schon mit anderen Krankheiten eingelieferte, 35 Jahre junge Patient muss seine Atemmaske an den Mehrbesseren abtreten, so dass der junge Patient bald den Geist aufgibt.

Sie bewerben sich bei einer internationalen Unternehmung für einen guten Job. Alle ihre Voraussetzungen und Qualifikationen stimmen. Trotzdem wird der Job einem anderen zugeteilt.

Der Mehrbessere bewirbt sich für einen guten Job. Die Voraussetzungen und Qualifikationen stimmen nur zum Teil. Aber er hat Verbindungen zu den entsprechenden Personen und kriegt den Job.

Diese Liste könnte unbeschränkt weitergeführt werden. Überall, in jedem Land, ob Demokratie, Diktatur, Monarchie, ist es ungefähr gleich.
In der Demokratie sollte es eigentlich eher keine Ungleichbehandlungen geben, was aber leider nicht der Fall ist. Dazu muss man ein wenig zu den Ursprüngen der Demokratie zurückgehen. Unter dem Kapitel «1.3.2. Demokratien» ist beschrieben, warum man damals auf die Idee einer Demokratie kam.

Sind sie Bürger einer Monarchie oder eines Fürstentums, wo der König oder Fürst Präsident des entsprechenden Landes ist – in Spanien, Holland, Belgien, England, Dänemark, Schweden, Norwegen, etc., weitere Länder in Asien und Afrika, inklusive der Despoten, dann sind sie auf jeden Fall ein Bürger 2. Klasse, denn sie haben viele Rechte nicht, u.a. Präsident eines dieser Länder zu sein, was in einer Demokratie zum Recht jedes einzelnen Bürgers gehört. In diesen Ländern ist das Präsidentenrecht für ewig der entsprechenden Familie vorbehalten. Meistens haben die Familien der Könige und Fürsten weitere, mehr oder weniger grosse Privilegien, so zum Beispiel gehen sie bei Verkehrsdelikten straffrei aus und/oder geniessen komfortable bis exzessive finanzielle Zuwendungen aus der Staatskasse. Dort wo die Königs-/Fürstenfamilien keine Zuwendungen aus der Staatskasse erhalten, haben sie meistens in der fernen Vergangenheit, riesige Vermögenswerte dem Volke gestohlen, so dass sie heute davon mehr als luxuriös leben können.

1.1.2. Die Ungleichbehandelten

Von den 8-10 Milliarden Menschen auf dieser Erdkugel kann sich mindestens ein Viertel schon ohne Wenn und Aber mit dem Titel des Buches identifizieren «Lebe ich noch oder bin ich schon tot», denn sie sind schon seit Geburt mehr tot als lebendig. Warum?

- Sie besitzen ausser ihrem Körper nichts und werden nichts besitzen, wobei es – teilweise mangels Alternativen – Leute gibt, die sehr viel Geld mit ihrem Körper und, was noch wichtiger ist, mit ihrer Schlauheit und Abgebrühtheit verdienen. Hier sind nicht die Tausenden und Millionen von bedauernswerten Prostituierten gemeint. Hier wird von Personen gesprochen, weibliche und männliche, nennen wir sie die Günstlinge, die sich mit Schlauheit und Abgebrühtheit durch die Welt schlagen. Meistens verbinden sie sich dauerhaft oder sporadisch mit einem oder mehreren Menschen, die immer sehr viel Geld – eigenes und/oder fremdes – zur Verfügung haben, so dass vom Vielen immer auch etwas an die Günstlinge abfällt, was je nach Grosszügigkeit des Gönners, doch ein schöner Betrag sein kann, der sich – bei Sparsamkeit und guter Kapitalanlage – zu grossen Summen entwickeln kann. Meistens – aber nicht immer – sind von Seiten der Günstlinge sexuelle Dienstleistungen zu erbringen. Ist der Günstling auch mit Abgebrühtheit gut gesegnet, dann versucht er, seinen Gönner von sich abhängig zu machen, indem er Besonderheiten und Geheimnisse des Gönners zu erlangen versucht, so dass der Gönner glaubt, dass er sich nicht mehr einfach vom

Günstling trennen kann.

- Sie haben kein Heimatgefühl. Weil «ihr» Land sie nicht schätzt, fühlen sie sich heimatlos.

- Sie haben Hunger und Durst, während andere in einem exklusiven Restaurant für Hunderte von US$ essen und trinken, und wieder andere, die Übergewichtigen, den anderen Menschen die Lebensmittel wegessen/wegassen.

- Sie haben keine Zukunftsaussichten, da sie nicht dafür vorgesehen sind, da sie nicht vom richtigen Familienclan kommen, respektive weil sie beim Versuch, die Zukunft in die eigene Hand zu nehmen, auf zu viele Hindernisse gestossen sind.

- Sie werden schlecht behandelt und schikaniert, sobald sie etwas vom Staat wollen, auch wenn es nur Informationen sind.

- Sie haben keine Machtgruppe, die sie stärkt und die ihnen hilft. Selbst wenn sie bei entsprechenden Parteien (die sich eigentlich um die schwächeren Elemente in einer Gesellschaft kümmern sollten) oder Religionen anklopfen, merken sie bald, wo die Grenzen sind.

- Sie fristen ein armseliges Überleben auf dieser Erde, ohne Sinn, ohne etwas bewegt zu haben, ohne etwas gemacht zu haben, was Bestand hat. Da hocken sie ihr armseliges Leben ab, sterben und fertig Schluss. Die meisten sterben zusätzlich mit Illusionen, die ihnen die Pfarrer/Pastoren eingehämmert und für die sie diese Leute noch bezahlt haben.

- Sie haben Angst vor Vielem – Tod, Leben, Arbeitsstellenverlust, Anforderungen beim Job, Mobbing, Räubern, Staatsvögten in vielen Formen (Steuern, Polizei), Versagen in der Familie, Ehezerwürfnissen, etc.

- Sie arbeiten ohne Freude, lieben ihren Beruf nicht und rackern sich trotzdem ihr Leben lang ab.

- Sie leben wie Hunderte von Millionen auf dieser Erde in sogenannten Armenvierteln, entweder an einem Steilhang, wo jedes Jahr während der Regenzeit Erdrutsche stattfinden, Häuser zerstört und Menschen verletzt oder getötet werden. Oder sie wohnen an einem Bach oder Fluss, sozusagen inmitten im Bach-/Flussbett und wo das Wasser wegen der Fäkalien stark stinkt und Krankheiten verbreitet. Dann während der Regenzeit tritt der Bach oder Fluss über die (künstlichen) Ufer und in die Häuser ein, zerstört die Möbel und Maschinen und lässt einen grässlich stinkenden Schlamm zurück.

- etc. etc.

Alle diese Widerwärtigkeiten führen dazu, dass sich diese Menschen für nichts mehr interessieren. Sie ignorieren ganz einfach auch Auswüchse und Fehler der Regierenden, weil sie keine Probleme wollen.

1.1.3. Die Mittelständischen

Die Mittelständischen, das sind die «Normalbürger», diejenigen, welche keine Verbindungen zu wichtigen Leuten haben. Sie leben viel besser als die Ungleichbehandelten. Es gibt aber sehr grosse Unterschiede zwischen den verschiedenen Ländern und den schwachen, besseren und mehr besseren Mittelständischen. Auch hier gibt es Ungleichbehandlungen:

- Teilweise haben sie keine oder nur beschränkte Rechte. Theoretisch haben sie viele und alle Rechte. Aber wenn sie Rechte beanspruchen, merken sie, dass nur die anderen Rechte haben. Wenn sie von der Polizei angehalten werden oder vor dem Gericht stehen, spielt es meistens eine Rolle, wer wem gegenübersteht.
  Die Polizei und Justiz in vielen Ländern haben die Möglichkeit, Strafbefehle via Staatsanwalt gegen die Bürger auszustellen, und zwar ohne jede Anhörung, ohne Beweise, ohne nichts, nur auf Grund von Aussagen der Polizei, d.h. der Polizeiwillkür sind Tür und Tore geöffnet. Es ist der leise Anfang eines Polizeistaates. Es muss auch darauf hingewiesen werden, dass die Polizei in Ländern mit prosperierender Wirtschaft Mühe hat, charakterlich, intelligenz- und ausbildungsmässig genügend gute Leute zu rekrutieren, d.h. wenn der Normalbürger Pech hat, fällt er einem schwachen Polizeiteam in die Hände, welches nicht an Fakten interessiert ist, sondern einfach willkürlich und unbedingt Produktion (d.h. Strafbefehle mit Bussen) an die Hierarchie abliefern will.

- Ihre Meinungen werden nicht respektiert, weder von Politikern noch von anderen Stellen. Wenn sie z.B. mit dem fehlerhaften Bericht eines Journalisten einer der sich besser fühlenden Zeitungen, die immer Pressefreiheit einfordern, nicht einverstanden sind, werden sie ganz einfach ignoriert.

Als Entschuldigung für die Behörden eines Landes muss man das Desinteresse eines grossen Teils der Bevölkerung erwähnen. Die Behörden können machen, was sie wollen, die meisten Bürger haben sowieso keine eigene feste Meinung. Was die Behörden verordnen, wird entweder einfach akzeptiert (die Mehrheit) oder es wird alles – ohne eine Analyse – konsequent abgelehnt (eine Minderheit, die aber auch keine eigene konstruktive Meinung hat).

Ein gutes Beispiel war die Corona-Krise. Die Behörden in der westlichen Welt haben eine falsche Massnahme nach der anderen verfügt, und zwar wegen fast keiner Erfahrung und Nichtwissen, hauptsächlich weil sie sich nicht orientiert haben.
Passiert ist dann das Gleiche wie oben erwähnt. Das Volk (inklusive sich wichtig fühlende Leute, die eigentlich eine eigene Meinung haben sollten) nimmt alles Verordnete ohne Analyse an oder ist dagegen – ohne Gegenvorschlag. Nur wenige haben eine eigene mehr oder weniger gute Meinung – leider aber wenig von den Behörden beachtet. Da ist es nicht verwunderlich, wenn es zu Demonstrationen gegen vom Staat verordnete Verbote und/oder dann auch zu den zahllosen, absichtlichen Missachtungen der Massnahmen gegen das Corona-Virus führte.

1.1.4. Die mehr als Gleichbehandelten

Auf der anderen Seite sind ein paar Hunderttausend/ein paar Millionen auf dieser Erde zu finden, die mehr lebendig als tot sind. Warum?

- Sie haben alles auf dieser Erde.
- Sie haben meistens Millionen oder Milliarden US$ zu ihrer jederzeitigen Verfügung.
- Sie gehören den Macht-Zirkeln/-Gruppen/-Familien an, d.h. sie entscheiden schlussendlich über alles.
- Sie haben gute Verbindungen zu anderen sehr wichtigen Leuten.

Zu der Gruppe der mehr als Gleichbehandelten gehören auch die vielen Parasiten auf dieser Erde, obwohl sie meistens keine grosse Macht haben, dafür mehr Charme und/oder Verkaufstalent und/oder «Arschleckermanien», z.B. die meisten

- der Hinterbänkler-Politiker
- der Regierungsbürokraten
- der Religionsvertreter
- der Ausnützer der Geldverteilungssysteme der Regierungen.

Für diese Parasiten ist das Leben lustig, denn sie haben immer Geld zum Ausgeben – nicht Millionen – aber genügend, um ein schönes Leben ohne viel Arbeit und Stress zu geniessen.

Eine besondere Art von Parasiten sind die Betrüger dieser Welt, welche mit allen Tricks versuchen, von gut meinenden Bürgern, aber meistens von alten oder älteren Personen möglichst viel Geld abzukassieren. Es wäre relativ einfach, solche Praktiken zu unterbinden, hätten die Behörden ein grosses Interesse daran. Da sie vielfach nicht direkt involviert sind, die Geschädigten meistens einfache Leute sind, die Kriminellen selten Gewalt anwenden, lassen sie sie einfach gewähren.

Viele Sänger/Musiker (hauptsächlich aus bevölkerungsreichen Ländern oder Sprachregionen), viele Profi-Sportler und andere moderne/neue Berufsgruppen verdienen ihr Geld viel zu einfach und hauptsächlich viel zu viel. Da sie nichts zum Wissen der Menschen, nichts zum Wohle der Menschen beitragen, etc. sollte der Staat einen grossen Teil dieses Einkommens zusätzlich mit einer Extrasteuer abschöpfen.
Auf der anderen Seite wird ein Unternehmer, der viele Arbeitsplätze schafft oder ein Erfinder, der ein ausgezeichnetes Produkt auf den Markt bringt, etc. etc. und so sehr viel Geld verdient, oft vom Staat dann mit hohen Steuern bestraft.

Auch sogenannte «Mehrbessere» können Ungerechtigkeiten erleben. Im Unterschied zum Normalbürger, der meistens nichts verändern kann, telefoniert der «Mehrbessere» an «noch Mehrbessere» und/oder an ihm bekannte, einflussreiche Bürger, Politiker und hohe Staatsangestellte, damit die Ungerechtigkeit nicht unbedingt für alle, jedoch für ihn verschwindet.

1.2. Lebenssinn

Was ist eigentlich der Sinn unseres Lebens? Wenn man ehrlich und sich gewohnt ist, Antworten zu Fragen tief zu analysieren, kommt man ganz einfach auf keine gute Antwort. Im Prinzip hat unser Leben keinen Sinn. Man wird – ohne zu fragen – einfach auf diese Erde gestellt. Als Kind fragt man meistens nicht nach einem Lebenssinn. Man geht in die Schule, weil alle gehen. Sobald die Entscheidung für den zukünftigen Beruf ansteht, beginnt auch (das ganze Leben lang und je nach Situation mehr oder weniger) das Fragen nach dem Sinn des Lebens. Niemand hat eine plausible Erklärung des Lebenssinnes. Religiöse Leute haben immer das Gefühl, eine Antwort zu haben, aber jedes Mal ist es keine Antwort, sondern ein Schwall von primitiven Erklärungen und/oder unverständliches und sinnloses Geschwätz.

Ganz früher haben sich sehr wenige der Menschen Gedanken über den Lebenssinn gemacht. Heute fragen sich viele einmal oder mehrmals während ihres Aufenthaltes auf der Erde nach dem Sinn des Lebens.

Aber die grosse Mehrheit der Bürger macht sich keine grossen Gedanken über den Lebenssinn. Sie leben einfach: Arbeit, Essen/Trinken, Schlafen und am Wochenende und während der Ferien: noch mehr Essen und Trinken, Schlafen.

Arbeit als solches ergibt sicher keinen Lebenssinn. Wenn jemand aber arbeitslos wird, dann fehlt ein wichtiges Element im Leben und dann grübeln viele, vielleicht sogar die meisten, über den Sinn des Lebens nach.
Jeder sollte eine Arbeit verrichten, die ihm grosse Freude macht. Denn dann könnte im Alter die Arbeit – je nach Lust

und Laune – normal oder reduziert weitergeführt werden, ohne sich voll pensionieren zu lassen, ausser die Gesundheit lässt es nicht mehr zu. Diese Lösung wäre für die meisten Personen im heutigen Pensionsalter besser, damit sie – unterbeschäftigt – nicht mit der Gedankengrübelei unzufrieden werden.

Wie für Millionen von intelligenten Fragen für uns primitive Menschen keine Antworten zur Verfügung stehen, bleibt eben die – ohne Zweifel – intelligente Frage nach dem Lebenssinn auch ohne Antwort, obwohl es Tausende von sogenannten Fachleuten, Prominenten, Philosophen, etc. gibt, die sich den Kopf zerbrechen, um eine Antwort zu finden und die ganze Bücher voll darüber schreiben. Alles ist reine Makulatur, alles für den Papierkorb und in die Altpapierverwertung, denn es gibt wirklich keinen generell anerkannten Sinn. Jeder – sofern er überhaupt eine Meinung darüber hat – konstruiert seine persönliche Meinung über den Lebenssinn, inklusive dass es keinen tiefgründigen Lebenssinn gibt. Die oben erwähnten Personen, die sich den Kopf zerbrechen, machen die schönsten, gegenteiligen und verrücktesten Wortverrenkungen, wie Glück, Werte, etc., nur um nicht eine Antwort schuldig zu bleiben.
Der Mensch ist leider ein sehr unwissendes Wesen. Er sollte aber so vernünftig sein, dieses Nichtwissen zu akzeptieren.

Man kann auch gut und glücklich leben, ohne einen Lebenssinn entdeckt zu haben. Es ist nun einfach so. Das Leben geht auch ohne tiefgründigen Sinn weiter, hauptsächlich wenn man jung ist, einen interessanten, mit Freude ausgeführten Job und gute Freunde hat.
Im Alter kommen dann neue Faktoren dazu, wie zu viel Freizeit, verstorbene Freunde und Familienmitglieder, zu wenig

Arbeit, die das sinnlose Grübeln nach Lebenssinn fördern können. Viele, die früher noch meinten, einen Lebenssinn zu besitzen oder diese Frage einfach ignorierten, werden jetzt mit dieser Frage konfrontiert. In der Welt in Gruppen herumreisen, Kreuzfahrten, Karten spielen, Golf spielen, ins Restaurant zum Essen gehen, kann ganz lustig sein, aber bringt sicher keinen Lebenssinn.

Nicht jeder Suizid ist auf fehlenden Lebenssinn zurückzuführen. Es gibt viele andere Gründe, wie z.B. eine schwere Uni-Prüfung, Scheidung, Krankheit, etc. Zudem gehört das Leben einzig und allein dem Inhaber. Er entscheidet, ob er noch leben will oder nicht. Vorteilhaft ist, wenn er darüber mit Familienmitgliedern und/oder Freunden diskutieren kann. Es gibt überall Organisationen, die bei einem Suizid aktiv oder passiv beratend beistehen.

Dann gibt es auch Personen, die einen Suizid ablehnen, jedoch aus irgendeinem Grunde sterben möchten, so dass sie unter Umständen Jahre warten müssen und sicher während dieser Zeit einen Sinn des Lebens ergründen möchten.

Zum Schluss dieses Kapitels ist es angebracht zu fragen: «Menschen! Für was für einen Zweck sind die denn hier auf dieser Erde?».
Die Frage ist berechtigt, denn schlussendlich haben die Menschen dieser Erde nichts Positives gebracht – aber gar nichts. Sie haben die Erde überbevölkert, sie haben die Ressourcen übermässig ausgenützt, sie haben die Natur geschändet, sie haben die Atmosphäre verseucht. Die Menschen und ihre Nutztiere sind – gut analysiert – total überflüssig auf dieser Erde.
Obwohl der Mensch als intelligent gilt – das intelligenteste

Tier – weiss der Durchschnittsmensch nichts, was über seine Nase hinausgeht.
Ein intelligentes Lebewesen würde nicht Kriege produzieren, würde alle seine Mitlebewesen respektieren, würde nicht übergewichtig herumlaufen, würde sich nicht idiotisch vergnügen, würde die Natur und die Atmosphäre nicht zerstören, etc. etc.

1.3. Illusionen

Illusionen machen einen Teil unseres Lebens aus. Das Leben selber ist im Prinzip eine reine Illusion. Man wird auf diese Erde gestellt, geht zur Schule, arbeitet, wird pensioniert und schon ist man wieder weg. Was noch eine Weile bleibt, ist entweder etwas Asche oder Fleisch und Knochen, welche im Boden zu einem Teil der Erde werden.
Die Ambitionen, Promotionen, Vermögensvorstellungen, Einbildungen, Träume, Wünsche, Tränen, Depressionen und vieles mehr der Menschen während ihres Lebens bis zum langsamen oder abrupten Tod markieren die ganze Illusion.

In den nächsten zwei Unterkapiteln reden wir von grossen Illusionen, die die Menschheit in der Vergangenheit, heute und in Zukunft begleiteten, begleiten und begleiten werden. Niemand ist aber gezwungen, sich von diesen zwei Illusionen (Religionen und Demokratien) oder von irgendwelchen anderen Illusionen gefangen zu nehmen.

1.3.1. Religionen

Alle oder sagen wir fast alle Religionen und Philosophien basieren auf fragwürdigen, nicht prüfbaren, über Jahrhunderte nur mündlich überlieferten Texten, die schon nach 3-4 Generationen fast total vom jeweiligen Original abweichen. Es sind durch die Marketingabteilung der Religionen angepasste und durch Übersetzungs- oder Interpretationsfehler manipulierte Texte, welche von der Hierarchie der entsprechenden Religion als richtig taxiert werden.
Die meisten dieser Überlieferungen wurden vor Hunderten Jahren von Spezialisten zu Büchern zusammengestellt, um auch dem einfachsten Gläubigen eine bis mehrere mögliche Pseudo-Antworten zu geben.

Jeder glaubt dann diesen Texten, sofern er will. In fast allen Ländern ist die Religion fakultativ. Gewisse Zwänge gibt es gleichwohl, z.B. bei den Kindern oder aus kommerziellen Gründen, weil man an alle verkaufen will, oder auch aus familiären und sozialen Gründen, weil man einfach dabei sein will, wobei dies hauptsächlich in kleineren Organisationen vorkommt.

Die Texte der Religionen enthalten – neben vielen banalen Geschichten – unzählige, nicht überprüfbare Behauptungen, respektive sogenannte Antworten zu Fragen. Aber es gibt Millionen von intelligenten Fragen ohne eine fachlich gültige Antwort. Nehmen wir als Beispiel nur ein Wort, das jedem weltweit schon begegnet ist und Fragen aufstellt: «Gott/Götter irgendeiner Religion oder Philosophie». Niemand weiss bestimmt,

- ob es Gott/Götter gibt oder nicht?

- sofern vorhanden, wie sie physisch aussehen, was sie immer machen, wo sie sind, wer sie schuf, wer zuerst da war (sie oder das Universum), etc. etc.?

Alles Fragen ohne fachlich gültige Antworten. In den Texten der Religionen (ohne den banalen Teil) ist nur wenig anerkanntes Wissen vorhanden.

Fast in jedem Lande gibt es eine oder mehrere legale und zum Teil auch illegale Religionen. Die meisten Länder-Verfassungen garantieren die Religionsfreiheit, was gar nicht nötig ist, denn es genügt, eine allgemeine Redens- und Denkfreiheit in jeder Beziehung in den jeweiligen Verfassungen zu garantieren, was automatisch die Freiheit einer Religion anzugehören beinhaltet.

1.3.2. Demokratien

Das Wort «Demokratie» ist ein Schlagwort des Westens und eben auch eine Illusion. Fast jede westliche Regierung hat das Gefühl, sie müsse für jedes Land auf dieser Erde eine demokratische Regierung fordern. Eine Qualität der Demokratie ist die «Freiheit», d.h. theoretisch ist jeder Bürger frei, das zu tun, zu handeln und zu sprechen, was er für gut befindet. Leider ist diese Freiheit nicht absolut und von Land zu Land verschieden. Einige Aktivitäten sind eingeschränkt (z.B. öffentliche Versammlungen) oder sogar verboten (z.B. gewisse Drogen). Weitere Einschränkungen sind auch die unter dem Kapitel «1.1. Gleiche Rechte für alle» erwähnten Fakten. Die Monarchie-Länder – ebenfalls unter dem oben erwähnten Kapitel aufgeführt – bezeichnen sich als Demokratien, was total irreführend ist, da nicht jeder Bürger die gleichen Rechte hat und gewisse Familien Privilegien geniessen.

In dieses Kapital gehört auch die beschämende Wahl eines Präsidenten im Jahre 2020 in den USA, einem Land, das sich praktisch als die beste Demokratie auf dieser Erde fühlt. Der schlussendlich ausscheidende Kandidat fürs Präsidentenamt hat sich so undemokratisch verhalten, in den Sozialmedien provoziert und angekündigt, dass er das Verdikt der Wahlen nicht annehmen werde. Dann wurde noch das Kapitol gestürmt mit einer wahrscheinlich bewusst reduzierten Anzahl von Polizisten. Dies alles war eine regelrechte Anti-Propaganda für Demokratien.

Am besten versteht man die Demokratie, wenn man zu den Ursprüngen der Demokratie zurückgeht. Warum kam man damals auf die Idee einer Demokratie?
Seit der Mensch die Organisation der Jäger/Sammler und

Nichtsesshaften verlassen hat, verlor er die Freiheit. Zuerst kamen viele Arten von Häuptlingen, Vögten und Feudalherren, etc. Später ging es in Richtung Demokratie, weil die Regierenden merkten, dass der Druck des Volkes, welches Mitspracherechte verlangte, zu gross wurde. Aber die vorher Regierenden hatten nicht die Absicht, ihre Macht aus den Händen zu geben. So entstanden im Laufe der Zeit überall «Demokratien», aber eigentlich sind es Pseudo-Demokratien, denn in den USA, Frankreich, Deutschland, etc. liegt ein grosser Teil der effektiven Macht nicht im Parlament oder beim Volk, sondern in Zirkeln/Gruppen aus einflussreichen Unternehmen, Familien und Einzelpersonen, teils kriminell, meistens – aber nicht unbedingt – sehr vermögend. Parteien spielen in diesen Zirkeln fast keine Rolle, die Philosophien reichen von links bis rechts. Wichtig für diese Leute ist, dass das Volk, unkritisch und naiv, der Meinung ist und bleibt, dass die Macht beim Volk liegt. So können sie schalten und walten, wie sie wollen. Die meisten Bürger akzeptieren alles, was von oben kommt, denn sie haben das Gefühl, durch ihre «Volksvertreter» gut vertreten zu sein.

Was hat die Demokratie dem kleinen Bürger schlussendlich gebracht? Freiheit – wenn auch vielfach eingeschränkt – das ist ja schon sehr viel und ist sehr wertvoll. Sonst hat der kleine Bürger nur viele Verpflichtungen gewonnen.

Mit heutigen westlichen Demokratien lassen sich grössere Probleme praktisch nicht mehr lösen, und wenn überhaupt nur noch sehr mühsam, zeitaufwendig und mit vielen Kompromissen, denn

- jeder weiss es besser;

- jeder will Recht haben;
- jeder will alle Freiheiten;
- Demonstrationen für jeden Blödsinn;
- Verweigerung von Anordnungen;
- Regierende haben wenig Durchsetzungsvermögen, warum?
  - weil sie Angst haben, nicht mehr gewählt zu werden;
  - weil die Gesetze zu large sind;
  - weil sie keinen Mut haben;
  - weil zu viele sogenannte Menschenrechte mitspielen;
  - weil zu viele Vertreter in den Regierungen sind, die nur Chaos wollen;
  - weil zu viele Parteien die Macht teilen;
  - weil fast keine demokratischen Volksparteien existieren;
  - weil zu viele ideologische Parteien mitspielen;
  - weil zu viele Parteien nur für sich selber schauen.

Es braucht andere Formen von Demokratie, z.B:
- Zweiparteiensystem, wo die Mehrheitspartei die legislative und die exekutive Funktion wahrnimmt, die zweitstärkste Partei ist die Opposition. Wichtig ist, dass es nur eine Kammer bei der legislativen Autorität gibt.
- System, wie eine erfolgreiche Unternehmung geführt wird, d.h. die Bürger wählen einen Beraterrat – nie über hundert Mitglieder. Der Beraterrat wählt den Regierungschef, der die Funktion der Exekutive und Legislative ausübt, d.h. er regiert wirklich – so wie es bei den meisten erfolgreichen Unternehmungen funktioniert. Der Beraterrat berät den Regierungschef, kann aber nicht direkten Einfluss auf die

Regierungsgeschäfte nehmen. Allerdings, wenn z.B. 75 % der Beraterräte ihn abwählen, wird ein neuer Regierungschef bestimmt.
Diese Form der Demokratie ist z.B. gut, wenn sich Krisen einstellen (Konflikte) oder grosse Probleme zu lösen sind (Pandemien, riesige Budgets für Forschung und Entwicklung).

Wählen können nur Bürger, die mindestens die Basisschule erfolgreich abgeschlossen haben.

Ein grosses Problem hat sich seit ein paar Jahrzehnten hauptsächlich in den demokratischen Ländern eingenistet. Fast in jedem Land gibt es diese kriminellen Banden (man spricht von russischen, italienischen, ukrainischen, chinesischen, amerikanischen, etc. mafiaähnlichen Gruppen), deren Hauptzweck Geld ist, die aber auch immer mehr Einfluss auf politische und richterliche Entscheidungen beanspruchen. Je nach Land ist die Durchdringung der Gesellschaft mit Bandenmitgliedern mehr oder weniger stark. Viele Regierungsstellen (Legislative, Exekutive und Justiz auf allen Ebenen) machen, was diese Banden wollen, da bei Kooperation saftige Korruptionsgelder fliessen, anderseits jedoch Bedrohungen jeder Art, inklusive Todesdrohungen bei Verweigerung der Zusammenarbeit, an der Tagesordnung liegen.
Darum wundert sich der kleine Bürger über komische, unlogische, falsche Entscheidungen der Behörden, da er nicht weiss, wer und was dahintersteckt.
So wird der kleine Bürger noch kleiner und die Demokratie noch mehr zur reinen Farce.

Die Tatsache, warum sich diese kriminellen Banden überall ausgebreitet haben, hat verschiedene Gründe:

- Erstens ist es schwer festzustellen, wer dazugehört und wer dahintersteht.
- Zweitens hat der Wohlstand die Bürger selbstzufrieden und «blind» gemacht.
- Drittens ist der Bürger «weicher» geworden. Jeder soll Recht haben. Jeder soll machen – innerhalb eines gewissen Rahmens – was er will. Jeder Eingriff der Autoritäten ist verpönt, Menschenrechte werden bei den schlimmsten kriminellen Aktionen geltend gemacht, Gesetzesübertretungen werden nicht geahndet (kleinere Diebstähle, Hausbesetzungen, etc.), hauptsächlich linke Politiker nehmen vieles auf die leichte Schulter, so dass die Ordnung leidet.
- Viertens – und dies ist der wichtigste Grund – sind die Behörden heute keine Autorität mehr gegenüber starken Personen/Personengruppen. Ein Beispiel zeigt die Corona-Pandemie mit den verordneten Massnahmen, die nicht eingehalten wurden. Obwohl eine Pandemie eine Art Kriegsrecht rechtfertigt, haben die Behörden bei Übertretungen der Massnahmen nicht rigoros eingegriffen mit enormen Bussen, Verhaftungen, Zwangsarbeiten in Spitälern, definitive Schliessung von Clubs, Dancings und anderen Agglomerationsimmobilien.

1.4. Familien/Partnerschaften

Die Beziehungen innerhalb der Familien haben sich zu einem grossen Teil stark verändert.
Die Familie hat heute ihren starken Platz innerhalb der Gesellschaft verloren. Freunde und Bekannte – auch vielfach kommerzielle Verbindungen – haben der Familie ihren Platz streitig gemacht.

Moderne Formen der Partnerschaft entwickelten sich. Partnerschaften gehören zu unserem Leben, seien es Partnerschaften zwischen Frau und Mann, Frau und Frau oder Mann und Mann, wobei es noch andere, aus mehr als zwei Personen bestehende Partnerschaften gibt. Heutzutage gibt es sehr viele Partnerschaften ohne eine formelle Heirat. Auch gibt es Partnerschaften ohne irgendwelche sexuellen Aktivitäten, sondern nur, um nicht allein leben zu müssen.

Bei allen Partnerschaften gibt es mehr oder weniger häufig offene und versteckte kleinere und grössere Streitereien, zuerst Wortgefechte, dann je nach Situation und Gelegenheit geht es in Richtung grösserer Intensität, wobei die femininen Mitglieder eher mit psychologischen Waffen streiten, die maskulinen vermehrt mit physischer Gewalt.
Ab diesem Zeitpunkt ist die physische Gewalt – sofern es vor ein Gericht kommt – eindeutig im Nachteil, da man die physische Gewalt via ein medizinisches Gutachten gut bemerkt, während die psychologische ebenso schlimm ist, aber nur mit elektronischen Geräten beweisbar ist.
Eine Partnerschaft mit häufigen Streitereien führt für alle – nicht nur für die direkt Beteiligten – zu einer schlechten Lebensqualität, die als Folge davon Krankheiten, inklusive Depressionen verursachen. Anstatt immer zu streiten, ist es

unter allen Umständen, d.h. auch wenn Kinder da sind, besser, die Partnerschaft aufzulösen, bevor grösserer Schaden entsteht.

B) Teil 2 - Die Zukunft auf dieser Erde

Es ist nicht leicht, über die Zukunft der Erdkugel zu schreiben. Aber heute sind doch schon viele Fakten vorhanden, die ein paar mögliche Alternativen regelrecht aufdrängen.

Dieses Buch zeigt vier Alternativen, welche diese Erde im Laufe der nächsten fünfzig bis hundert Jahren möglicherweise gehen wird. Die wichtigsten Faktoren, welche diese Entwicklungen ermöglichen können, sind Überbevölkerung, Ungleichheiten, Digitalisierung, Automatisierung, Roboterisierung, Klima im allgemeinen, Erderwärmung, Naturkatastrophen, Konflikte/Kriege, programmierte künstliche Intelligenz PKI (die total vom Menschen unabhängige KI gibt es auch in hunderten von Jahren noch nicht).

Die Zukunft der Entwicklung der Menschheit auf dieser Erde kann zusammengefasst und im Grossen und Ganzen auf einem oder gleichzeitig mehreren der folgenden Alternativen/Optionen vonstattengehen:

1. Die Dreiteilung der Menschheit
2. Das generelle Chaos auf der Erde
3. Der Kollaps der Natur auf allen Gebieten
4. Die extreme Reduzierung der Bevölkerung

Die erste Option wird sicher stattfinden, da bei der kommenden mehr oder weniger totalen Digitalisierung, Automatisierung, Roboterisierung nur ca. ein Drittel bis maximum die Hälfte der Menschen auf dieser Erde in der Wirtschaft benötigt werden.

Die anderen drei Optionen sind weniger wahrscheinlich, jedoch im zutreffenden Fall wären sie die unberechenbarsten Optionen. Es ist auch möglich, dass neben der Dreiteilung der Menschheit, zeitlich begrenzt auch die zweite und/oder dritte Option gleichzeitig in Frage kommen. Die vierte Option wiederum schliesst die anderen drei Optionen aus, da die Basis für diese Optionen dann gar nicht mehr vorhanden wäre.

Bei jeder der vier Alternativen werden Millionen von Menschen sterben, entweder durch die Natur selber, durch von Menschen provozierten Veränderungen der Natur oder durch direkte und indirekte Aktionen der Mitmenschen, die auf die eine oder andere Weise und mehr oder weniger schnell eine starke Verminderung der Erdbevölkerung bringen:

- Verdrängung und totale Vernachlässigung eines Teiles der Menschheit
- Kriege/lokale Konflikte
- Hungersnöte
- Krankheiten
- Wasser-/Sauerstoffmangel
- etc. etc.

In der Vergangenheit löste man fast jedes Problem relativ schnell (oder man ignorierte es). In der Zukunft könnten Probleme auftreten, für die die Menschheit keine sofortige Lösung mehr bieten kann. Schon in der Gegenwart sind wir jetzt mit einem schwierigen Problem – den Corona-Virus-Infektionen – konfrontiert, für dessen Lösung die Wissenschaft auch heute noch kein perfektes Gegenmittel offerieren kann.

Viele Personen meinen, dass es schon zu viele Bücher gibt, welche den Zustand und die Zukunft dieser Erde zu pessimistisch, zu düster beurteilen. In der Vergangenheit mag dies zutreffend gewesen sein, heute jedoch ist leider Optimismus nicht am Platz. Hätte diese Erde nicht 50-mal zu viele Menschen, wären alle Probleme leicht zu lösen, respektive wären gar nicht existent.

2.1. Die Daten

Das wichtigste Wort der Zukunft wird «DATEN» heissen. Durch die immer schnelleren und besser programmierten Datenverarbeitungsmöglichkeiten, speziell auch der immer riesigeren Datenspeicherkapazitäten und der alles umfassenden Datenerfassungen werden die Daten alles beinhalten, auch was zum Teil für den Laien total unwesentlich ist.

Von der Qualität her sind die Daten nicht gleich. Der analysierende Mensch unterscheidet dann zwischen guten, schlechten («fakes») und nicht relativ schnell qualifizierbaren Daten. Auch in der fernen und kürzlichen Vergangenheit sind diese drei Arten von Daten immer vorgekommen. Die schlechten und nicht schnell qualifizierbaren Daten haben aber enorm zugenommen, und zwar wegen den «Social Medias», wo heute gegenüber früher milliardenfach mehr Daten auf dieser Erde hin und her verschoben werden. Sie füllen riesige Datenspeicher und verbrauchen ausserordentlich grosse Mengen an elektrischer Energie.

2.1.1. Datenbasis

Sämtliche Daten jedes einzelnen Erdenbürgers, wie

- persönliche Daten (Name, Geburtsdatum und -zeit, Links zu Verwandten, d.h. der ganze bekannte Stammbaum)
- Ausbildungsdaten (Schulen und Kurse)
- ausgeübte Berufe, wo gearbeitet, Zeugnisse, Verhalten, Bewertungen
- Daten für die Steuerverwaltung
- Daten der Einkäufe (was, wo, Mengen, wie und wieviel bezahlt)
- Gesundheitsdaten (gehabte und chronische Krankheiten, eingenommene Medikamente, Impfungen, Immunitäten, Allergien)
- Polizeidaten (Bussen, kriminelle Aktivitäten, Gefängnisaufenthalte)
- politische Daten (Partei und Ämter, Ideologien, politische Äusserungen)
- Freizeitdaten (Clubs, Bars, Prostituierte, jede Art von Massagen, jede Art des Internetkonsums, inklusive Filme, Musik, Social Medias, E-Mails, Politik, «dark» Internet)
- Ferien (wo, wie lange, eigene Wohnung/Apartment)
- Zahlungsmoral
- Was macht er den ganzen Tag?
- sonstige Daten (Sporttätigkeiten, Motorfahrzeuge, Hobbies, Vereine, philanthropische Aktivitäten, etc.).
- und vieles mehr.

Sämtliche Daten der Unternehmungen, wie Verwaltungsräte, Direktoren seit Gründung, inklusive Links zu den eigenen

Daten der einzelnen Personen, Bilanzen, Erfolgsrechnungen (jährliche, monatliche), bezahlte Steuern, Jahres- und sonstige Berichte, Pressekonferenzen, Produkte, Marketing, Umsätze je Produkt, je Region, Sponsoring, etc.

Sämtliche Daten der Regierungen, Politiker, Parteien, Projekte, Ausgaben und Einnahmen, Voten der Politiker, etc.

Jede Maschine/Apparat, angefangen beim Computer, Smartphone, Auto, Waschmaschine, Mixer, Klimaanlage, Heizung, Lampe, Lautsprecher, Kameras, Kleidungsstücke, Kugelschreiber, etc. kann (könnte) Daten an einen Auftraggeber liefern, teilweise legal, teilweise versteckt und illegal. So kann z.B. ein Smartphone-Chip so programmiert sein, dass er alle Gespräche, Transaktionen, GPS-Daten an jemanden übermittelt. Die Datenkriminalität wird enorm zunehmen, hauptsächlich via Internet.

2.1.2. Datenschutz

Politiker in allen Ländern machen sich stark für den Datenschutz. Sie wissen es leider nicht oder wollen es nicht wissen, dass der Datenschutz mit der zunehmenden Digitalisierung und den alles umfassenden Datensammlungen eine komplette Illusion ist. Früher oder später sind alle Daten der Bürger, Unternehmungen, Institutionen und Regierungen ein- oder mehrfach irgendwo gespeichert, darunter auch geheime und intime/persönliche, solche die jeder selber geliefert hat und solche die aus anderen Quellen stammen (Gesichtserkennung, Stimmerkennung, Lauferkennung, Ortserkennung, etc. via Kameras, Mikrophone, GPS, etc.). Niemand kann das verhindern, ausser alle Regierungen der ganzen Erde würden sich auf strenge Regeln einigen, was mehr als unwahrscheinlich ist. So sind das ganze Geschwätz und Getue der Politiker betreffend Datenschutz nichts als ein weiteres Beispiel, um die Bürger in ein falsches Licht zu führen.

2.1.3. Besitzer der Daten

Am besten wäre es, um in der Zukunft die Zänkereien wegen Daten und Daten-Monopole zu vermeiden, ab sofort sämtliche Daten und Informationen als Allgemeingut zu erklären, inklusive die persönlichsten und intimsten Daten jedes einzelnen Menschen. Allgemeingut bedeutet, dass alle Daten und Informationen jedermann gehören. Niemand ist Besitzer von Daten, respektive alle sind die Besitzer aller Daten, d.h. sämtliche Daten müssen für alle zugänglich sein. Wichtig ist, dass einzelnen Personen oder Unternehmungen die Daten von einzelnen Personen oder Unternehmungen nicht individuell zur Verfügung stehen, sondern nur als Gesamtes für Auswertungen.

Als Ausnahmen sind wissenschaftliche Daten aus Forschung und Patenten zu werten, welche exklusiv den entsprechenden Unternehmungen und Einzelpersonen gehören. Auch militärische und geheimdienstliche Daten gehören nicht zum Allgemeingut.

Jeder kann Daten zusammenzählen, Tabellen erstellen, die Daten in Algorithmen verarbeiten und intelligent machen. Dies heisst aber nicht, dass Daten, Fotos, Filme, etc. einer Einzelperson oder einer Unternehmung öffentlich exponiert werden dürfen.

Die Regelung betreffend Allgemeingut der Daten würde auch die ganze Bürokratie mit Datenschutzerklärungen, «Cookies», etc. überflüssig machen.

Bei der heutigen Regelung sind Riesenfirmen Besitzer von unermesslichen Mengen von Daten, auch persönlichen

Daten von Einzelpersonen, welche diese unbewusst gratis geliefert haben, z.B. anlässlich einer Bestellung von irgendwelchen Materialien/Produkten, einer Reklamation, einer Anmeldung für einen Wettbewerb, etc. und dies ist nicht gut. Diese Firmen machen dann riesige Gewinne mit dem Verkauf unserer Daten und dies ist nicht richtig.

Die Aufgabe der Regierungen wäre, diesen Datenmonopolen ein Ende zu bereiten, indem sie die Daten als Allgemeingut erklären.

2.1.4. Datensammlungen

Niemand kann sich diesen Datensammlungen entziehen, sei es ein Einzelmensch, eine Institution, eine Unternehmung, ein Land. Selbst wenn sich jemand von allen Computern, Smartphones, Maschinen und Apparaten loslöst, gibt es Hunderte von Transaktionen, die automatisch gespeichert werden (auch wenn der Betroffene nichts davon weiss). Es gibt montierte Kameras mit Mikrophon in den Strassen, Parks, Gebäuden, Privathäusern, etc. die Gesichter, die Gangart, jede Bewegung und zum Teil Gespräche aufzeichnen. Jede Person, natürliche oder juristische, wird schlussendlich zu einem (meistens unfreiwilligen) gläsernen Objekt und die Totalüberwachung kann beginnen.

Die Daten werden von den Steuerbehörden, von der Polizei und anderen Regierungsstellen verwendet, um die Bürger zu gehorsamen Schäfchen zu erziehen. Ist die Regierung eine Demokratie hat man noch Glück gehabt, denn dann führen nur illegale Handlungen (Steuerhinterziehung, Nichtanhalten bei Rotlicht, subversive Gespräche, etc.) zu Aktionen der Regierung, hingegen gibt es bei normalen Daten – auch politischen Gesprächen – keine Reaktionen. Wohnt man aber in einer mehr oder weniger rigiden Art von Diktatur können selbst private Gespräche mit Freunden – je nach Inhalt – einen Bürger ins Gefängnis oder – im Gegenteil – einem Bürger eine Belohnung für staatskonformes Verhalten bringen. Schlimm wird es, wenn die Überwachung bis zum intimsten Bereich in der Wohnung reicht.

Mit den vielen Daten versuchen spezialisierte Unternehmungen und Institutionen via intelligente Algorithmen (mathematische Formeln) Vorhersagen für viele Bereiche zu definieren,

wie z.B. Wetter, Wirksamkeit von Medikamenten, Kriminalität, Marktforschung, menschliches Verhalten bei verschiedenen Situationen, Konfliktforschung aller Art, etc.
Unternehmungen aller verschiedenen Branchen können Daten für ihre Marketing- und Produktions-Abteilungen verwenden. Versicherungen können ihre Kunden überwachen, um Betrug aufzudecken. Marktforschungsinstitute analysieren Daten, um ihre Berichte für die Kunden zusammenzustellen.

Grundsätzlich ist es gut, wenn möglichst alle Daten gespeichert werden, wobei es immer wieder zu Missbrauch führen kann. Solange aber die Daten Allgemeingut sind, ist die Gefahr des Missbrauches geringer.
Die Planwirtschaft, die freiheitliche Marktwirtschaft, der Kapitalismus, der Sozialismus, Demokratien, Diktaturen irgendwelcher Art, die Liberalen, die Kommunisten und wer alles noch an den unendlichen Daten interessiert ist, soll sie verwenden, jeder für seine Zwecke. Die Freiheit der Unternehmungen und jedes Einzelnen wird nicht besser oder schlechter, immer verglichen mit der vorherigen Situation im Land, in dem er wohnt.

Die freie Marktwirtschaft und die Planwirtschaft werden ebenfalls gleich und wahrscheinlich sogar besser funktionieren mit mehr Daten.

Viele gespeicherte Daten helfen allen Bürgern bei Entscheidungen (Schulen, Berufswahl, Arbeitsstelle, Lebenspartner, etc.) und können bei der Gesundheit wertvolle Tipps geben und vielleicht sogar Warnungen betreffend möglicher schwerer Erkrankungen aussprechen.

Die Unternehmungen wissen schon im Voraus, was der

einzelne Bürger kaufen will, so dass bereits entsprechende Rohmaterialen eingekauft, Produkte montiert und Offerten an die Kunden präsentiert werden können, selbstverständlich alles roboterisiert.

Die Behörden kriegen Informationen von Missbrauchs-, Korruptions- und Betrugsfällen und interessierte Personen erhalten die Möglichkeit, die verschiedenen Behörden zu kontrollieren.
Der Bürger wird in Zukunft auch keine Steuererklärungen mehr ausfüllen müssen, da die Behörden schon im Besitze der Daten sind. Auch Firmen können viel Bürokratie ersparen, da die entsprechenden Daten in den Computern der Regierung vorhanden sind und somit das Ausfüllen von Formularen oder der digitale Transfer der Daten wegfällt.

Ebenfalls zum Kapital «Daten» gehören die Umwälzungen auf dem Weltmarkt. Vor 2050 wird China die USA, was wirtschaftliche Macht anbelangt, überholen. Was dann mit dem US-Dollar als Weltleitwährung passiert, weiss man noch nicht. Es gibt da verschiedene Möglichkeiten, der US$ bleibt oder die chinesische (Renminbi) oder eine andere, nicht an ein Land gebundene Währung übernimmt diese Aufgabe.

2.2. Die Dreiteilung der Menschheit

Die Digitalisierung, Automatisierung, Roboterisierung geht mit 5G, 6G, 7G, ... rasant weiter, so dass man in fünfzig bis hundert Jahren total digitalisiert, automatisiert und roboterisiert sein wird.
Durch die Digitalisierung, Automatisierung, Roboterisierung kann jedes Land, jede Unternehmung einen grossen Teil seiner Halb- und Fertigfabrikate wieder selber produzieren, denn niemand benötigt mehr billige Arbeitskräfte, da die Roboter und Computer 24 Stunden pro Tag und am Wochenende arbeiten, nicht reklamieren, keine Sozialleistungen beanspruchen und die Roboter kleinste Serien programmiert und billig herstellen können. Die Globalisierung wird nicht verschwinden aber enorm reduziert. Was von der Globalisierung bleibt, sind «High-Tech» Produkte, die eine Unternehmung nicht selber produzieren will oder kann. Ein weiterer Vorteil der Nicht-Globalisierung ist, dass die Unternehmungen kein «Know-how» mehr an andere Unternehmungen/Länder weitergeben müssen. Die Verlierer dieser neuen Situation sind die einfachen Industriearbeiter, die Bürolisten und die nicht technischen Universitätsabsolventen, wie Psychologen, Soziologen, Rechtsanwälte, etc. Gelernte Handwerker, Techniker, Ingenieure, Ärzte, etc., die in der roboterisierten und automatisierten Wirtschaft im angestammten Beruf nicht mehr Verwendung finden, schulen sich um und arbeiten dann in anderen technischen Gebieten, wo immer ein grosser Bedarf vorhanden ist.
Die Globalisierung brachte Ländern mit billigen Arbeitskräften viel Geld und verringerte die Armut. Durch den Wegfall eines grossen Teils der Globalisierung, werden die billigen Arbeitskräfte nicht mehr eingesetzt, und das entsprechende Land muss dann Millionen von Arbeitslosen auf irgendeine Art

durchfüttern. Viele von diesen werden versuchen, in die wirtschaftlich starken Länder als Wirtschaftsflüchtlinge unterzukommen, was sicher immer schwieriger werden wird, ausser sie sind sehr gut ausgebildet in technischen Berufen. Da die prosperierenden Länder selber viele Arbeitslose unterstützen müssen, schicken sie die Wirtschaftsflüchtlinge wieder zurück.

Im Laufe dieser fünfzig bis hundert Jahren wird es eine komplette Teilung der Menschheit auf der einen Seite in anspruchsvollen Jobs arbeitende, gutverdienende, intelligente und zum Teil analytisch denkende Menschen geben, die hauptsächlich technische Berufe aller Stufen ausüben (Universität, technische Hochschulen, Berufslehre). Auf der anderen Seite findet man dann als Arbeitslose vegetierende oder als Tagelöhner arbeitende, geistig und finanziell verarmte, vernachlässigte Zweitklassmenschen.

Von den 8-10 Milliarden Menschen werden nur ca. ein Drittel bis maximum die Hälfte davon an der Digitalisierung teilnehmen. Wir nennen sie nachfolgend immer die Privilegierten. Obwohl die Digitalisierung, Automatisierung, Roboterisierung sagen wir 10 neue Arbeitsmöglichkeiten generiert, verlieren zur gleichen Zeit 90 Personen den Job und den Anschluss. Wir nennen diese die Ausgesteuerten. Sie fallen auf die unterste Stufe der Wirtschaft zurück und werden als Ausgesteuerte mit einem minimalen, vom Staat bezahlten Grundlohn dahinvegetieren. Die Ausgesteuerten haben meistens weniger studiert, haben sich nicht weitergebildet, haben viele Chancen verpasst und haben zu früh Ambitionen aufgegeben. Dann sehen sie, dass ohne riesigen Aufwand keine Chance mehr vorhanden ist, zu den Privilegierten zu stossen, so dass der Abstieg unvermeidlich und permanent ist.

Die intelligenten und analysierenden Menschen wissen dies heute schon. Die meisten Politiker interessiert die Zukunft nicht oder sind nicht fähig, einige Tage in die Zukunft zu denken. Die Journalisten sind fast nur mit dem Tagesgeschäft involviert. Niemand getraut sich, die Wahrheit zu sagen. Es ist eine reine Illusion, dass für alle Menschen gut dotierte Jobs zur Verfügung stehen werden. Diejenigen, die mit einem unguten Gefühl vorausschauen, werden nicht gehört.

Bei den Ausgesteuerten gibt es eine Zwischenstufe, die Selbständigen, welche noch Produkte und Dienstleistungen anbieten, die vorläufig nicht digitalisiert oder automatisiert werden können, so dass sie ihre Geldeinkünfte etwas verbessern können.

Es gibt Regierungen, Institutionen, sogenannte Wirtschaftsfachleute, etc., die meinen, dass die Digitalisierung, Automatisierung, Roboterisierung nicht überall ankommen, was reine Spekulation ist, die nicht aufgehen wird. Wer nicht mitmacht, kann noch maximal Nischen bearbeiten, die von vielen Anbietern bedient werden und wenig Wachstum bieten – mehr nicht. Ansonsten ist das Aus eine logische Konsequenz.

Im Prinzip ist es eine widersprüchliche Angelegenheit, auf der einen Seite Digitalisierung, Automatisierung, Roboterisierung und auf der anderen Seite immer mehr Arbeitslose. Eine Regierung könnte auf den Gedanken kommen, einen Mittelweg zu suchen und möglichst nur minimal digitalisieren, automatisieren, roboterisieren, damit weniger Arbeitslose anfallen, die durchgefüttert werden müssen. Aber dies funktioniert nicht, weil es fortschrittliche Länder gibt, die trotz Arbeitslosen voll in Forschung, Digitalisierung, Automatisierung, Roboterisierung investieren. Alle Länder, die bei dieser Entwicklung nicht mitmachen wollen oder aus finanziellen Gründen nicht mitmachen können, werden als Ganzes in die Versenkung verschwinden.

Mitmachen heisst, riesige Beträge in Schulung, Forschung und Entwicklung investieren – nicht nur durch die Unternehmungen, sondern auch sehr intensiv durch die Regierungen.

D.h. es wird sehr wenig Geld bei den Regierungen für Sozialausgaben vorhanden sein – ausser dem minimalen Grundlohn pro Familie für die Ausgesteuerten, jedoch auch diesen ohne Garantie für die Zukunft.

Die Ausgaben bei den Ausgesteuerten für Krankheiten, Unfall, etc. dürfen maximum den minimalen Grundlohn erreichen und auch dies nur in wirklichen Notlagen. Flüchtlinge und Ausländer ohne Job werden sofort und ohne Mitleid mit der ganzen Familie in ihre Heimat ausgeschafft (inklusive die sogenannten «sans papier»). Dies geschieht, indem die einzelnen Länder Abkommen mit wirtschaftlich schwächeren Ländern unterschreiben, welche dann sämtliche schwierig Auszuschaffende jedwelcher Nationalität gegen Entgelt aufnehmen, wobei das Schicksal der Ausgeschafften sehr unbestimmt ist. Das ausschaffende Land kümmert sich jedenfalls nicht mehr darum.

Die Ausgaben für Kultur und Sport werden auf ein Minimum heruntergefahren und die Ausgaben für relativ leicht zu eliminierende Kosten komplett aus den Budgets herausgestrichen. Wer Kultur konsumieren will, bezahlt dann zwangsläufig mehr, um die Kosten für die Produktionen voll auszugleichen. Die Kosten für den Amateursport begleichen die

Sporttreibenden und der Profisport muss sich komplett selbst finanzieren.

Die Unternehmungen können kein «Sponsoring» für Kultur, Sport und andere Ereignisse mehr von den Steuern abziehen, denn der Staat benötigt viel Geld für Forschung.

Dies alles müssen die Regierungen der einzelnen Länder ändern, um überhaupt mitmachen zu können beim Rennen um die besten Produkte und Dienstleistungen.

Heutige sozialistische Regierungen haben keine andere Wahl, als sich anzupassen, am besten mit guten Ratschlägen der chinesischen Regierung, welche weiss, wie man sozialistisch/kommunistisch eine kapitalistische Wirtschaft auf die Beine stellt.

Ja, es wird noch schlimmer für die Länder, die sich nicht sofort anpassen können oder wollen. Die technisch fortgeschrittenen Länder werden versuchen, die Fachleute der schwächeren Länder mit guten Jobs anzuziehen, so dass dann dort immer mehr Ausgesteuerte und wahrscheinlich ein grosser Beamtenapparat übrigbleibt. Speziell Länder, die keine wichtigen Rohmaterialien anbieten können und bereits schon technologisch im Hintertreffen sind (z.B. einige Länder Afrikas, Südamerikas und Asiens) und dann auch sämtliche Länder mit grosser Bürokratie, vielen Vorschriften und Einschränkungen (u.a. sind hier auch die südeuropäischen Länder inbegriffen) werden enorme Mühe haben, beim Rennen für die besten Technologien mitzumachen.

Die Regierungs-Administration der einzelnen Länder muss ebenfalls digitalisieren, automatisieren, roboterisieren und speziell alle überflüssige Bürokratie (d.h. fast alle) abschaffen, damit sich die Unternehmungen – der Konkurrenzkampf wird gross sein – voll auf ihre Tätigkeiten konzentrieren können – Forschung, Entwicklung, effiziente Produktion, Verkauf/Marketing. Dies bedeutet, dass auch die Regierungsbürokratie viel weniger Personal benötigt.

Ein weiterer Grund, dass es weniger Arbeit gibt, ist der Rückgang des Konsums aufgrund der Umweltfaktoren. Freiwillig oder per Gesetz (Verbote, Preise, Steuern) wird der Konsument weniger Wasser, weniger Verpackungsmaterial, weniger Energie, weniger Lebensmittel (d.h. auch weniger Abfälle), etc. verbrauchen und seine Gewohnheiten radikal ändern, respektive ändern müssen, z.B. bei der Mobilität (neue, flexible Transportmöglichkeiten, keine fossilen Energien mehr), beim Wohnen (neue Techniken für Heizung und Kühlung), beim Luxus (Reisen, Freizeit), beim totalen Recycling, etc.

Die Dreiteilung der Menschheit wird nicht in allen Ländern/Regionen dieser Erde gleich sein. Es wird Länder/Regionen geben, wo es 40-60 % Privilegierte, 5-10 % Selbständige und der Rest Ausgesteuerte, Länder/Regionen mit 20-30 % Privilegierten, 5-10 % Selbständige und der Rest Ausgesteuerte und auch ganz schwache Länder/Regionen mit nur 5-6 % Privilegierten, 1-5 % Selbständige und der grosse Rest Ausgesteuerte sein werden. Obwohl auch in der Tourismus-Branche digitalisiert, automatisiert, roboterisiert wird, öffnen sich hier am ehesten Chancen für Selbständige und zum Teil auch für Ausgesteuerte.

Durch die vielen neuen revolutionären Erkenntnisse der Wissenschaft (Universum, Planeten mit Lebensformen,

Heilmöglichkeiten von Krankheiten, Medikamente ohne Nebenwirkungen, Evolution, etc.) kommen alle Religionen auf dieser Erde in Erklärungsnotstand, d.h. die Privilegierten, die gelernt haben, in jeder Beziehung auf Fakten aufzubauen und nicht einfach unbewiesenen Fantasieerzählungen zu glauben, wenden sich zum grössten Teil von den Religionen ab. Auf der anderen Seite suchen die Ausgesteuerten mehrheitlich in irgendeiner Religion Hilfe und Trost, um ihr ärmliches Leben etwas zu vergessen. Selbst Ausgesteuerte, die während ihren besseren Zeiten nie einer Religion angehörten, lassen sich von den Versprechungen der Religionen blenden. Für die Religionsverantwortlichen ist der Zustrom dieser neuen Gläubigen einerseits ein Erfolgserlebnis, anderseits jedoch – mangels finanzieller Mittel der Ausgesteuerten – eine finanziell undankbare Aufgabe, denn das Ziel der meisten Religionen ist es, möglichst viel Geld zu generieren, damit die Vertreter der Religionen ein gemütliches und mit materiellen Gütern gesegnetes Leben führen können.

2.2.1. Die Privilegierten

Sie sind die bestimmende Menschengruppe auf dieser Erde bis zum Zeitpunkt, bei dem die Privilegierten fähig sind, die reine, absolute künstliche Intelligenz zu schaffen.

Heute wird viel von künstlicher Intelligenz (KI) geschrieben, auch von namhaften Journalisten und Medienunternehmungen, die das ganze Geschwätz über KI einfach übernehmen, anstatt fachgemäss zu recherchieren. Künstliche Intelligenz gibt es heute noch keine – alles ist von Menschen **programmierte künstliche Intelligenz (PKI)**. Künstliche Intelligenz wird es erst geben, wenn der Mensch fähig sein wird, ein vollständiges, total funktionsfähiges, selbständig handelndes Hirn aus biologischem Material (nicht mehr aus Metall und Plastik) auf irgendeine Weise zu schaffen, was wahrscheinlich noch Hunderte/Tausende von Jahren dauern wird.

Was dann, wenn die effektive künstliche Intelligenz kommt, die wahrscheinlich viel intelligenter als der Mensch sein wird, mit uns Menschen passieren wird, ist nicht mit Sicherheit voraussehbar. Schlussendlich benötigt dann die Erde die Menschen nicht mehr, denn die künstliche Intelligenz in Form von neuen Wesen, Tieren, Pflanzen und neuen Aggregaten/Apparaten kann sich dann ohne weiteres selbst und besser verwalten. Ja, die ursprünglichen Menschen werden vielleicht noch eine Zeitlang parallel zur künstlichen Intelligenz leben und dann langsam aussterben.

Sollte die effektive künstliche Intelligenz wirklich kommen oder tatsächlich möglich sein, bestehen zwei Alternativen für den ursprünglichen Menschen, um weiterhin die Erde zu dominieren:

- sich dieses viel intelligentere Hirn selber einzupflanzen;
- die Ansätze und das Know-how zur effektiven künstlichen Intelligenz zu zerstören, sofern dies dann überhaupt noch möglich sein wird.

Zu den Privilegierten zählen wir auch noch die Kreativen und Künstler jedwelcher Richtung, welche selbständig und zum Teil ebenfalls mit modernsten Techniken arbeiten.

Die Privilegierten werden hart arbeiten müssen. Heute schreiben viele Experten, dass in Zukunft das Arbeiten anders sein wird, dass die meisten ihr Leben organisieren können zwischen Arbeit und Freizeit. Es wird aber wenige geben, die weniger als 80 % arbeiten werden und solche, die neben den Ferien noch zusätzlich unbezahlten Urlaub nehmen. Länder mit einer Arbeitszeit von weniger als 40-45 Stunden pro Woche werden Mühe haben, mit den arbeitsameren Ländern zu konkurrieren. Diejenigen, die sich eher selbst verwirklichen und selbst entfalten wollen, die sich mehr privat realisieren und sich nicht dem Leistungsdruck unterwerfen wollen, die ihre «Work-Life-Balance» pflegen wollen, werden früher oder später bei den Ausgesteuerten landen. Das Leben der Privilegierten ist von Arbeit und Weiterbildung geprägt, denn die Konkurrenz auf dem Arbeitsmarkt ist enorm. Das Salär ist dafür dementsprechend hoch. Bei der Gründer-Szene, bei «Startups» wird es noch arbeitsintensiver zugehen, da das Tempo immer gross ist.

Die Privilegierten sind hauptsächlich in technischen (inklusive handwerklichen) und wissensvermittelnden Berufen tätig – Schule/Fachhochschule/Universität, Forschung, Entwicklung, Produktion, Vermarktung, Dienstleistungen. Der Computer/das «Smartphone» in irgendeiner Form ist überall – am Arbeitsplatz, unterwegs, zu Hause. Jeder muss sehr profunde Informatik-Kenntnisse haben. Überall spart man Arbeitsplätze ein und wenig neue werden geschaffen. Auch gut Ausgebildete können ihren Arbeitsplatz verlieren und müssen umdenken/sich umschulen. Schlecht Ausgebildete haben praktisch keine Chancen mehr für einen neuen Arbeitsplatz. Die meisten Hilfsarbeiterjobs werden durch Roboter ausgeführt.

Die wissensvermittelnden Personen und deren Studenten (vom Kindergarten bis zur Universität, inklusive sämtliche Weiterbildungen, Seminare, etc.) arbeiten nicht mehr mit Papier. Alles Wissen wird computerunterstützt (Notebooks, Smartphones oder ähnliches) vermittelt, wobei ab Niveau Fachhochschulen 90-95 % der Zeit Fernstudium ist. Durch die fast totale Digitalisierung der Arbeit der wissensvermittelnden Personen gibt es ab Niveau Fachhochschulen eine grosse Reduzierung dieser Personen, welche aber leicht gute Jobs in der Forschung einnehmen können.

In der Forschung und Entwicklung arbeitet man mit modernsten Mitteln, die sämtliche Handarbeit zum grössten Teil via programmierte künstliche Intelligenz erledigt. In diesem Sektor werden im Lauf der Jahre immer mehr Arbeitsstellen angeboten, denn überall muss geforscht und entwickelt werden. Wer zurückbleibt, hat das Risiko, total aus dem Rennen zu fallen.
Ganz neue Forschungsfelder gehen auf oder werden

ausgebaut, wo eine grosse Anzahl von gut ausgebildeten Fachleuten absorbiert werden, z.B. saubere Energie, Medikamente ohne Nebenwirkungen, neue Antriebe, komplizierte 3-D-Produktionen, anspruchsvolle Roboter-Produktionen (z.B. mit Textilien), etc.

Sämtliche Produkte werden maschinell mit Computerunterstützung gefertigt – 3-D-Printing, Roboter für Kleinserien, Roboter für Einzelschritte. Benötigt werden keine Arbeiter mehr, nur eine Person, welche die automatisierte Produktion überwacht. Keine Unternehmung hat noch Bedarf an billigen Arbeitskräften für die Produktion. Alle Produkte werden via Roboter extrem billig produziert. Die Globalisierung wird stark zurückgehen, da jede Unternehmung fast alles selber und billiger an Ort und Stelle produziert. Die Roboter produzieren 24 Stunden pro Tag beste und uniforme Qualität, benötigen keine Ferien und sonstige Vorteile/Vergünstigungen eines Arbeiters. Die Roboter produzieren irgendwelches Produkt gemäss programmierten Vorgaben. Jede Unternehmung fabriziert jetzt möglichst nahe am Markt und möglichst alle Einzelteile, so dass man weniger auf eine Vielzahl von Lieferanten angewiesen ist, d.h. die Nachteile einer Globalisierung fallen weg. Auch in der Textilproduktion arbeiten spezielle Roboter, die das schwierig zu bearbeitende Rohmaterial, die Textilien, ohne Probleme handhaben.

Für die Vermarktung basiert man das Marketing auf den fast unbeschränkten Zugang zu statistischen Daten irgendwelcher Art und wählt die besten Mittel für die Kundengewinnung via programmierte künstliche Intelligenz.

Verkäufer sind nicht mehr gefragt und Kundenberater nur noch zur Unterstützung bei Verarbeitungsproblemen. Auch beim Hersteller von Produkten kennt man keine Rohstoffeinkäufer mehr. Die Materialbestellung erfolgt automatisch, zum Teil direkt verbunden mit den Computern der Lieferanten.

Der Unterhalt und die Reparatur der Produkte (z.B. Elektroauto, Haushaltmaschinen, Computer, etc. etc.) erledigen spezielle Werkstätten, die die Diagnose per Computer ausführen und gleich alle Bauteile ganz einfach mit Robotern auswechseln.

Im Gesundheitsbetrieb stellt der Arzt mittels spezieller Apparate und Software Ferndiagnosen, bei denen der Patient dem Arzt die benötigen Daten liefert. Operationen werden – wenigstens zum Teil – ferngesteuert ausgeführt. Im Spital gibt es nur noch einige Ärzte und gut ausgebildete Gesundheitsfachleute zur Überwachung. Hilfskräfte benötigt man nicht mehr. Die manuellen Arbeiten, wie Patienten herumführen/-fahren, das Bett machen, das Essen bringen, Spritzen applizieren, Pillen gemäss Verschreibung bereitstellen und bei Bedarf in den Mund legen, bei der Notdurft helfen, Patienten baden und waschen, Fragen der Patienten beantworten, etc. etc. erledigen intelligente Roboter ohne Probleme. Für fast alle Zahnpflegearbeiten gibt es Roboterlösungen, so dass nur wenige Zahnärzte Spezialaufgaben zu bewerkstelligen haben. In den Altersheimen sind die Personaleinsparungen am grössten, da fast alle Arbeiten durch intelligente Roboter und Apparate lösbar sind.

Im Handel sind ebenfalls – mit wenigen Ausnahmen – die intelligenten Roboter, welche die ganze Arbeit übernehmen, Einkauf, Lager, Gestelle mit Waren auffüllen, etc. Die intelligenten «Kassen» registrieren, wenn der Kunde mit seinen Waren an der Kasse vorbeiläuft, die gekauften Waren schnell und berührungslos und nimmt die Zahlung per Kredit-/Debitkarte, Smartphone oder per beim Käufer eingepflanztem Chip entgegen.

Die durchschnittliche Lebenserwartung der Privilegierten wird im Laufe der nächsten hundert bis zweihundert Jahren auf hundertfünfzig Jahre steigen und dies dank dem fast vollständigen Ersatzteillager (Haut, Knochen, Gelenke, Organe, Muskeln, Blut, etc. etc.). Was noch fehlen wird, ist das Hirn der Menschen, welches aber mittels High-Tech-Medikamenten von Zeit zu Zeit regeneriert wird.

Gesellschaftlich wird sich ebenfalls enorm viel verändern. Die Privilegierten werden – sofern sie mit ihrer Mann-/Frau-Situation oder mit ihrer Rolle in der Gesellschaft nicht mehr einverstanden sind – ganz einfach die nötigen Änderungen vornehmen lassen oder ihre Rolle ändern. Die Geburtenraten werden drastisch heruntergehen.

Bei den Privilegierten gibt es dann immer wieder Leute mit einem noch minimal vorhandenen sozialen Gewissen, welche das Leben der Ausgesteuerten verbessern möchten. Da die Privilegierten jedoch schon 40 – 60 % ihres Lohnes für den Staatshaushalt (Projekte für Forschung und Entwicklung, für den Unterhalt der Ausgesteuerten, Administration) abzweigen müssen, werden solche Initiativen schnell abgeblockt und die Initianten unter Druck gesetzt, ansonsten ein Abstieg in die Ausgesteuertengruppe droht.

2.2.2. Die Selbständigen

Dies sind Leute, schlecht Ausgebildete, die den Job verloren haben, d.h. Ausgesteuerte, welche aber versuchen sich als Selbständige in irgendeiner Nische zu behaupten. Nischen, die vorläufig noch nicht von der Automatisierung erreicht wurden, z.B. Reinigungsarbeiten in Privathaushalten, Reparaturen von alten Geräten, Kleinreparaturen im Allgemeinen, Prostitution in allen Formen. Die Einnahmen sind nicht gross, da die Konkurrenz unter den Ausgesteuerten enorm ist. Aber es ist ein kleiner Zustupf zum extrem niedrigen Grundlohn der Regierung.

2.2.3. Die Ausgesteuerten

Die Beschreibung der Situation der Ausgesteuerten fällt sehr deprimierend aus. Denn sie verlieren im Prinzip alles. Nehmen wir als Beispiel Herr und Frau Meier. Sie arbeitet als selbständige Reiseführerin, er als Abteilungsleiter Zahlungsverkehr bei einer Bank.

Auf ihren Reisen mit Gruppen aus Europa in asiatische Länder fällt ihr auf, dass andere Reisegruppen, jeder mit Kopfhörer von einem lokalen Roboter geführt werden, der den Weg genau kennt, der alles schön erklärt, und zwar in verschiedenen Sprachen gleichzeitig und irgendwelche Fragen spontan und detailliert beantwortet. Sie ahnt schon, dass ihre Arbeit überflüssig wird, was sich dann auch bestätigt.

Der Abteilungsleiter Zahlungsverkehr ist stolz auf seine Arbeit. Aber auch er fühlt, dass das Volumen der Zahlungstransaktionen langsam, aber stetig abnimmt, da die Transaktionen mehr und mehr direkt von den Beteiligten elektronisch abgeschlossen werden. Jedes Halbjahr muss er 2 bis 3 Angestellte seiner Abteilung mit ursprünglich 20 Mitarbeitern entlassen, so dass schlussendlich auch er von der Bank die Kündigung erhält.

Es war ein gut situiertes Paar, 2 Kinder, Einfamilienhaus, 1 Elektroauto, 4 Velos mit Elektroantrieb, alle möglichen Maschinen im Haus, Computer, jeder mit einem modernen Smartphone, jedes Jahr 3 Wochen Ferien im nahen oder fernen Ausland und eine Woche Skiferien. Die Krankheitskosten wurden durch den Staat bezahlt. In der Gemeinde sind sie gut eingeführt (Frau Meier bei der Schulbehörde, er als Revisor der Gemeindefinanzen), haben viele Freunde und engagieren sich in verschiedenen Vereinen/Clubs.

Beide versuchen einen neuen Job zu finden, aber die mühsame Suche ist nicht erfolgreich. Die Arbeitslosenentschädigung und die Ersparnisse sind bald aufgebraucht, so dass nur noch der Gang zu den Behörden übrigbleibt, um einen Grundlohn zu beantragen, was gleichzeitig auch das Selbstbewusstsein, den Stolz, die Würde, das Selbstvertrauen auf einen ersten Tiefpunkt bringt. Die ersten Freunde entfernen sich und Frau und Herr Meier ziehen sich aus Scham aus der Gemeindeverwaltung zurück. Bei den Vereinen/Clubs kursieren die ersten Gerüchte, so dass die Besuche dort immer weniger häufig stattfinden. Das Auto wurde verkauft, die Velos wollte niemand abkaufen. Für den Unterhalt des Hauses gibt es keine finanziellen Mittel mehr. Die Maschinen, der Computer, die Smartphones veralten, von Ferien kann man nur noch träumen. Man ist auf dem tiefsten sozialen Niveau angelangt. Auch bei den Krankheitskosten bezahlt jetzt der Staat fast nichts mehr. Bloss eine rudimentäre Grundversorgung wird durch den Staat noch offeriert. Der Grundlohn ist nur für das Allernötigste berechnet, hauptsächlich für Nahrungsmittel, wobei auch bei diesen das Geld fast nur für die billigsten und elementarsten Nahrungsmittel reicht.
Es ist klar, dass arme Länder überhaupt keinen Grundlohn bezahlen, respektive bezahlen können. Die grosse Mehrheit der Bewohner dieser Länder ist schon seit jeher an ein sehr einfaches Leben adaptiert. Um überleben zu können, gehören Nebenjobs und Eigenproduktion von Nahrungsmitteln dazu. Auch hier wird es grosse Veränderungen geben. Die Konkurrenz bei den Nebenjobs wird immer grösser und der Boden für die Eigenproduktion wird immer rarer.

Und so leben jetzt die Ausgesteuerten, die einen etwas mehr, die anderen etwas weniger miserabel. Immer wieder gibt es Initiativen, das Leben dieser Leute zu verbessern, aber die Privilegierten regieren und sie wollen nicht noch mehr von ihrem Lohn an die Ausgesteuerten zahlen.

So kommt es, dass diese Ausgesteuerten immer mehr ins Abseits gelangen. Sie verkaufen ihre Häuser, um zu etwas Geld zu gelangen und kaufen billige Häuser in den schlechtesten Wohnvierteln, wo ausschliesslich Ausgesteuerte wohnen. Ihre Kinder besuchen dort die schlechtesten Schulen und kaum eines der Kinder kommt über die 8-jährige, für die Ausgesteuertenkinder nicht obligatorische Grundschule hinaus. Die Kinderkrippen und Kindergärten wurden schon früher eliminiert.

Die Kriminalität der Ausgesteuerten steigt überproportional an und es finden Demonstrationen und Revolten statt. Am Anfang konzentriert sich die Kriminalität der Ausgesteuerten auf die kommerziellen Stadtteile und auf die Wohnviertel der Privilegierten, was bei der Lebenssituation der Ausgesteuerten zu erwarten war, denn sie haben das Gefühl, nichts mehr verlieren zu können. Aber die rigorosen Polizeiaktionen haben diesem Trend ein schnelles Ende gebracht. Jeder der Ausgesteuerten und deren Kinder werden bei kleinsten Delikten festgenommen und ohne Gerichtsurteil über Tage und Wochen festgehalten und die Familie muss dem Inhaftierten sogar das Essen bringen. Fast alle Teilnehmer bei Demonstrationen werden dank Videoüberwachung/Gesichtserkennung festgenommen und zu unbezahlten Arbeiten bei der Gemeinde verknurrt. Wer sich dagegen sträubt, kommt für unbestimmte Zeit in ein Arbeitslager fern des Wohnortes, wo von Montag bis Samstag 10 Stunden pro Tag streng gearbeitet werden muss, wo die Verpflegung schlecht und die

Unterkunft mehr als miserabel ist.
Die Polizei ahndet auf der anderen Seite immer weniger Kriminalität in den Ausgesteuerten-Gebieten, so dass dort Raub, Diebstahl, Einbruch, Vergewaltigung, Gewalt und Tod praktisch für jedermann ohne Bestrafung offen ist. Es bilden sich deshalb Gruppen als Verteidigung, was die Kriminalität aber eher noch anheizt.
Die Bewegungsfreiheit der Ausgesteuerten wird eingeschränkt. Nachts ist strengstes Ausgehverbot. Tagsüber können die Ausgesteuerten nur mit einem guten Grund die Privilegierten-Gebiete betreten.

Wie im obigen Beispiel erwähnt, erhält jeder Ausgesteuerte vom Staat in einem reichen und gut situierten Land einen minimal berechneten Grundlohn, der mehr oder weniger ein blosses Überleben gewährleistet. Es wird nicht der hohe Grundlohn sein, denn sich die Theoretiker heute vorstellen. In anderen Ländern bekommen die Ausgesteuerten entweder nichts oder weniger als das Existenzminimum.

Die Ausgesteuerten verlieren nicht ihre Bürgerrechte, aber sie üben sie aus Scham und wegen des spürbaren psychologischen und zuweilen gar handfesten Druckes der Privilegierten nicht mehr aus.
Die demokratischen Rechte sind theoretisch für alle – die Privilegierten, die Selbständigen und die Ausgesteuerten – gleich und als Gesetz festgeschrieben. Trotzdem sind die Ausgesteuerten faktisch den Wünschen der Privilegierten ausgeliefert, denn

- die Vorschriften, um als Kandidat bei einer Wahl teilzunehmen sind fast nur für die Privilegierten und teilweise auch für die Selbständigen erfüllbar;

- die Ausgesteuerten nehmen mehrheitlich nicht an den Wahlen teil und nur so zwischen 2 bis 5 % der Kandidaten/Gewählten sind Ausgesteuerte;
- die Gesetze entsprechen somit nur den Wünschen der Privilegierten.

2.2.4. Die Finanzierung der Dreiteilung der Menschheit

Die Lage der Ausgesteuerten wird im Laufe der Jahre und Jahrzehnte immer dramatischer. Die Regierungen der verschiedenen Länder haben einen konstanten Geldmangel, da deren Aufgaben und Ausgaben stetig wachsen, unter anderem:

- Bezahlung des Grundlohnes der wachsenden Zahl der Ausgesteuerten (der meistens nicht genügend der Inflation angepasst wird);
- Ausbau und Unterhalt der Infrastruktur;
- Unterstützung von immer mehr Forschungsprojekten, denn man will bei den technologischen Entwicklungen voll dabei sein;
- Bezahlung der Ausgaben für den Staatsapparat, der bei vielen Ländern – angesichts der vielen Arbeitslosen/Ausgesteuerten – zu rein politisch motivierten, jedoch unnötigen Personaleinstellungswellen führten.

So kommt es, dass überall gespart werden muss. Da der Grundlohn je Familie für die Ausgesteuerten bereits auf dem tiefst möglichen Niveau liegt, kann hier nichts eingespart werden.

Bei der Infrastruktur und deren Unterhalt in den Ausgesteuerten-Gebieten wird fast nichts mehr investiert. Die Strassen, die Kanalisation, die Schulgebäude und der Schulbetrieb sind mehr als miserabel.

Die Forschungsprojekte hingegen verschlingen einen immer grösseren Budgetbetrag. Jedes Land muss konstant

versuchen, gute Resultate bei den Forschungsprojekten zu erzielen. Die Konkurrenz ist enorm gross. Wenn ein Land über längere Zeit stark abfällt, wird es schwierig, wieder aufzuholen und dies bedeutet automatisch eine Vergrösserung der Zahl der Ausgesteuerten. So ist der Zwang, riesige Summen in die verschiedenen Forschungsgebiete zu investieren, übergross.
Hauptsächlich am Anfang der Periode der Dreiteilung der Menschheit fallen jedes Jahr einige Länder ins Abseits, weil viel zu wenig Geld da ist, um in Forschung zu investieren. Hat ein Land nicht schon ein grosses Wissen in Technologien oder hat es keine anderen Einnahmequellen (z.B. Mineralien, Erdöl), wird es schwierig bei diesem Wettbewerb mitzumachen, was automatisch den Abstieg in ein typisches Ausgesteuertenland bedeutet, welches dann auch – wenn überhaupt – in einem kleinsten Grundlohn mündet, der nicht einmal die Kosten für die unbedingt benötigten Lebensmittel deckt. In solchen Ländern wird die Kriminalität enorm stark anwachsen. Die meisten müssen versuchen, durch irgendwelche illegalen Transaktionen zu mehr Geld zu kommen, wobei je nach Land die Polizei die elementarsten Menschenrechte missachtet. Die Polizei setzt bei schwierigen Einsätzen Roboter ein, welche mit grosser brutaler Kraft die Leute fesselt.

Da der Staatsapparat auch total digitalisiert wurde, wird viel Personal überflüssig. Zudem werden die Mitarbeiter bei den früher politisch motivierten, unnötigen Personaleinstellungen langsam wieder auf die Strasse gestellt, so dass das Heer der Ausgesteuerten ständig wächst.

Die Familien der Ausgesteuerten werden kleiner, da jedes zusätzlich zu versorgende Maul die Portionen der übrigen verkleinert. Die Geburtenzahlen sinken, die der Abtreibungen steigen. Hoffnungslosigkeit, Alkohol und Drogen verschlimmern die Gesundheit der Betroffenen und der Staat bezahlt keine teuren Operationen und Medikamente – fast nur Medikamente zur Minderung von Schmerzen. Die Lebenserwartung dieser Menschengruppe geht langsam auf 30-40 Jahre herunter.

Schlussendlich – nach ein paar Generationen – ist der übrig gebliebene Rest der Ausgesteuerten wieder auf dem Niveau der Neandertaler. Sie sind von den Privilegierten total fallengelassen worden, die auch keinen Grundlohn und andere Zahlungen mehr an sie leisten. Sie sind vom Gesundheits- und Schulsystem komplett ausgeschlossen. Sie leben in der freien Natur, jagen und pflanzen Gemüse und Getreide an. Teilweise halten sie auch Tiere für ihren Fleischkonsum. Technische Geräte besitzen sie keine mehr. Da die Privilegierten sämtliches Material recyclen, gibt es für die Ausgesteuerten auch keine gebrauchten Geräte.

Perverse Angehörige der Privilegierten machen sich in der Freizeit ein Vergnügen, die Ausgesteuerten wie Tiere mit ihren schnellen Elektrogeländewagen zu jagen, zu schikanieren und auf verschiedene Arten zu malträtieren. Vermischungen zwischen den Privilegierten und den Ausgesteuerten gab und gibt es keine, ausser in seltenen Fällen, wenn Privilegierte eigentlich verbotene sexuelle Kontakte, sprich Vergewaltigungen, mit diesen unterhalten. Gewaltanwendungen der Privilegierten in irgendeiner Form gegenüber den Ausgesteuerten werden nicht mehr geahndet.

Im Laufe der Jahrzehnte sterben dann die Nachkommen der damals Ausgesteuerten aus, teils durch Krankheiten, teils durch Verfolgungen der Privilegierten.

Im Gegensatz zu den Neandertalern ist die Realität des Lebens während der Jahrzehnte dauernden Periode der Ausgesteuerten durch Historiker sehr gut dokumentiert.

Da die Privilegierten im Durchschnitt weniger als ein Kind pro Ehepaar haben und die Ausgesteuerten langsam aussterben, wird die Überbevölkerung in hundert Jahren fast nicht mehr existieren.

2.3. Das generelle Chaos auf der Erde

Bei dieser Option wird vorerst alles beim Alten bleiben, d.h. es läuft einfach – wie schon gehabt – weiter mit all den vielfältigen Problemen, hauptsächlich Konflikte zwischen Ländern und Regionen, Ungleichheiten zwischen Ländern und zwischen Menschengruppen, Umwelt-/Naturzerstörung, Kriminalität im Allgemeinen, etc. Alle möchten die Probleme lösen, aber kein Land ist bereit, bei sich anzufangen. Die generelle Situation auf der Erdkugel verschlimmert sich zusehends.

Das generelle Chaos wird mit grösster Wahrscheinlichkeit nicht gleichzeitig auf der ganzen Erde stattfinden. Es fängt irgendwo an und breitet sich dann mehr oder weniger schnell auf grössere Gebiete der Erde aus, wobei die negativen Auswirkungen erdweit spürbar sind.

Es fehlt an Verantwortung für die Gemeinschaft. Die Solidarität zwischen den Menschen – Familien und Bekannten – ist enorm gefallen. Jeder will möglichst viel und schnell Geld sammeln.

Die Politiker – in ihrer Mehrheit – vertreten nicht die Meinung ihrer Wähler, sind korrupt, unehrlich, egoistisch. Vor den sich regelmässig wiederholenden Wahlen eröffnen diese gleichen Politiker ihren Kampf um die Unzufriedenen und Habenichtsen, indem sie alles versprechen, aber nichts halten.
Die meisten Politiker sind schon als Politiker geboren – gutes Mundwerk, viele Versprechungen ohne einzuhalten, schwer fassbar (wie ein Fisch, der einem immer wieder aus der Hand rutscht).

Anstatt das zur Verfügung stehende – vom Volk bezahlte Geld – in folgende erfolgversprechende Aktionen zu investieren:

- primäre Schulen, handwerkliche Schulen, Fachhochschulen, Universitäten
- Forschungsprojekte auf allen technischen Gebieten, insbesondere in KI, IT, Recycling, klimaneutrale Energie und Gesundheit (Viren, Bakterien, Pilze, Impfungen, Krebs, Demenz, etc.)
- Infrastruktur
- Natur, Umwelt
- Volkssport

wird viel zu viel oder total unnötig Geld in übertriebene Regierungsstrukturen und Politikerideen verschwendet:

- Regierungsbürokratie
- Militär
- Polizei
- Projektstudien und kostspielige Bauten in allen Bereichen der Staatsbetriebe

in überflüssigen Ausgaben für bereits Privilegierte:

- Gesundheit für Profisportler, Dopingsünder, Raucher, Alkoholiker
- Profisportereignisse

in Prestigeprojekte:

- Flüge zu Mond und Mars
  Kosten von Milliarden US$, die aber der Erde überhaupt nichts bringen. Der Weltraum ist erst interessant, wenn der Mensch fähig sein wird (wenn überhaupt), in wenigen Tagen erdähnliche Planeten in

unserer Milchstrasse zu besuchen. Dies setzt hundert-/tausendfache Lichtgeschwindigkeit oder eine Reise ohne physischen Körper voraus.

und in illegalen Transaktionen versteckt:

- Bevorzugung in vielfacher Hinsicht von Personen und Gruppen
- Korruption
- Betrug

2.3.1. Faktoren für ein Chaos

Das generelle Chaos auf dieser Erde ist relativ leicht möglich. Folgende Faktoren können eine solche Situation herbeiführen, respektive verschärfen:

- Physische Kriege wegen Trinkwasser und Wasser im Allgemeinen, Grenzstreitigkeiten, vorteilhaften Wohngegenden (mildes Klima), oder wegen irgendwelchen auftretenden, durch andere Länder provozierten Problemen.
- «Kalter», digitaler, psychischer und wirtschaftlicher Krieg, hauptsächlich zwischen USA, China, Russland. Früher oder später werden sich China und Russland zusammenfinden und setzen die USA militärisch und wirtschaftlich ins 2. Glied. Dann wird China die Stelle der USA der Vergangenheit antreten (Zeit nach dem 2. Weltkrieg) und versuchen, den Rest der Erde zu kontrollieren. Der US-Dollar verliert wahrscheinlich den Status der Weltwährung. Entweder nimmt dann die chinesische oder eine neu geschaffene Weltwährung den Platz des US-Dollars ein.
- Drohnenterror irgendwelcher Art.
- Kriege/Konflikte, die grössere Gebiete der Erde umfassen.
- Terroristische Aktionen.
  Jeder Mensch ist ein kleiner Terrorist, aber zum Glück nur im Kopf (gegen Nachbarn, Arbeitskollegen, Chefs, Ehepartner, etc.).
- Tumulte, Grossdemonstrationen, etc. weil viele Leute keine Lösungen, keine Auswege aus schwierigen Situationen mehr sehen.

- Hunger.
  Da es immer mehr Menschen auf dieser Erde hat, müssen immer mehr Lebensmittel produziert werden, was mehr Giftstoffe, Pestizide, etc. und auch Brandrodungen für mehr Land bedeutet. Viele Lebensmittel werden im Labor produziert, z.B. in Zukunft Fleisch, was aber riesige Mengen von natürlichen Proteinen voraussetzt, wie Soja, Mais.
  Die Lebensmittel werden immer teurer, d.h. für viele Personen ausserhalb ihres Budgets, so dass sie sich auf die billigsten, weniger geschmacksvollen und meistens weniger gesunden Esswaren beschränken müssen.
- Extremer Wassermangel.
  Das Trinkwasser wird fast überall auf der Erde je nach Jahreszeit, Natureinflüssen und Bevölkerungsdruck zu einem raren Artikel. Viele Millionen von Menschen müssen sich mit verseuchtem Wasser zufriedengeben. Die Nahrungsmittelproduktion vermindert sich, da kein oder ungenügende Mengen Wasser für die Bewässerung zur Verfügung stehen.
- Grosse und plötzlich auftretende Arbeitslosigkeit wegen einer erdweiten Wirtschaftskrise (die langsam auftretende Arbeitslosigkeit wie oben beschrieben unter «Dreiteilung der Menschheit» wird hingegen aus erklärlichen Gründen zu keinem nennenswerten Chaos führen).
- Grosse politische Umwälzungen in wichtigen Ländern/Regionen, u.a. China, Russland, Indien, Naher Osten, USA.
- Grosse Wanderbewegungen von Wirtschaftsflüchtlingen.
- Seuchen/Pandemien.

- Überhandnehmende Kriminalität auf der ganzen Erde (Morde, Überfälle, generelle Kampfbereitschaft, Betrügereien (direkte oder via Internet), etc.

2.3.2. Das Corona-Virus und andere Viren

Ein gutes Beispiel ist das Chaos auf der ganzen Erdkugel wegen des Corona-Virus. Kein einziges Land war 100%-ig darauf vorbereitet und organisiert. Es herrschte ein generelles Chaos, da die verantwortlichen Behörden (mit wenigen Ausnahmen) keine Ahnung von den zu treffenden Massnahmen hatten. Woher sollten sie diese Ahnung haben? Die Personen bei diesen Behörden sitzen meistens schon Jahrzehnte auf ihren Stühlen, ohne etwas zu bewegen und ohne sich auf ihre effektiven Aufgaben vorzubereiten. Warum auch? Die letzte Pandemie in der westlichen Welt war ja vor hundert Jahren. Dann kam die Pandemie und bei den meisten Ländern entschieden die Bürokraten und Politiker die Massnahmen – leider meistens total falsch. Was fehlte, war ein Gremium von erfahrenen Fachleuten (aus der Medizin, Ökonomie, Unternehmer, Gewerkschaften, etc.), die die wirksamen Massnahmen bei vergangenen Pandemien hauptsächlich bei demokratischen, asiatischen Ländern studierten und analysierten, um dann bei Bedarf über die zu treffenden Massnahmen entscheiden zu können.

Aber die Europäer und Amerikaner haben, hauptsächlich auch wegen Überheblichkeit und Überlegenheitsgefühl der Behörden der westlichen Welt, die Pandemie erfahrenen Asiaten nicht konsultiert.

Es fehlte schon bald und fast überall Material (Gummihandschuhe, Masken, Atemgeräte, etc.). Ein ganz klares Defizit der Globalisierung. Die Komponenten für einfache Dinge werden in vielen Ländern dezentralisiert produziert. Fehlt ein Teil des Fertigproduktes kann man nicht mehr liefern. Zudem waren die Lager von wichtigen Produkten aus finanziellen

Gründen viel zu tief. Alle können nur hoffen, dass mit der Roboterproduktion wieder mehr lokal produziert wird, so dass die Abhängigkeit von vielen Lieferanten wegfällt.

Die einzige Massnahme, die den Regierungen schlussendlich in den Sinn kam, war die Kopierung der chinesischen und dann der italienischen «Lösung», die falscheste, unanalysierteste, idiotischste Lösung, d.h. eine mehr oder weniger totale Einkerkerung der Menschen, und zwar Hunderte von Millionen von Menschen. In China hat es funktioniert, aber da befiehlt noch die Regierung und das Volk hat Disziplin. In Italien dauerte es gleichwohl noch Wochen, bis das Resultat dieser Massnahme sichtbar wurde und schlussendlich gab es dann in den meisten Ländern noch weitere (2., 3., 4. etc.) Infektionswellen, welche zum Teil noch schlimmer waren als die erste. Warum gab es trotz Einkerkerung der Bürger in der westlichen Welt («Lockdowns») gleichwohl so riesige Infektionszahlen? Ganz einfach, weil die westlichen Regierungen keine Macht und keinen Mut haben, um sich durchzusetzen, weil sich viele Bürger nicht richtig verhielten, viele versuchten, die Einkerkerung zu umgehen, viele keine Disziplin und keine Verantwortung zeigten, Feste organisierten, etc. etc. und dann massenweise ihre Familien und Kollegen infizierten.

Stand Ende 2021 gab es weltweit über 400 Mio. gezählte Infektionen und über 5 Mio. Tote, wobei hier auch die Toten aus der Kombination Corona-Infektion und andere schon vorhandene Krankheiten inbegriffen sind.

Warum gab es in demokratischen Ländern Asiens, z.B. in Südkorea und Taiwan relativ wenig Infektionen? Weil die Asiaten disziplinierter sind und die 4 Massnahmen (Masken,

Distanz, Hygiene und keine Agglomerationen) strikte befolgten, wobei auch dort, gewisse Bürger sich unkorrekt verhielten.

Hätten die Behörden in den westlichen Ländern die vier wichtigsten Massnahmen:

- Masken
- Distanz
- Hygiene
- keine Agglomerationen/Zusammenkünfte

schon ab Januar 2020 rigoros (**d.h. 100 % und überall**, ausser im eigenen Haus/in der eigenen Wohnung) dekretiert und kontrolliert, wären die totalen Infektionszahlen in jedem Land viel geringer ausgefallen und dies ohne generelle «Lockdowns».

Rigoros bedeutet, dass für das Nichteinhalten der Massnahmen, sehr hohe Bussen verfügt werden. Wer nicht bezahlen kann, muss unbezahlte Reinigungsarbeit in Spitälern, Altersheimen, etc. leisten.

Jedermann hätte daheim oder in der Unternehmung/Institution gearbeitet, Einkäufe gemacht, Sport ausgeübt, etc.

Restaurant, Kino, Theater, Sportveranstaltungen – alles wäre möglich gewesen, hier aber mit Sitzplatzbeschränkungen – z.B. nur ein Drittel bis die Hälfte.

Dort wo Masken, Abstand, Menschenansammlungen schwierig zu verwirklichen sind (Bars, Clubs, Dancings, etc.), würden die Lokale bis ans Ende der Pandemie einfach zugemacht.

Aber die Regierungen in der westlichen Welt sind alle sehr schwach und haben keinen Mut, rigorose Massnahmen durchzusetzen, da sie ja wiedergewählt werden möchten.

Ist die ganze Abwicklung dieser Corona-Virus-Krise die Antwort dieser eingebildeten verantwortlichen Personen auf Regierungs-, Medien- und Forschungsebenen? Ist dies die Antwort dieser Personen mit grossspurigen Reden und Medienbeiträgen über wissenschaftliche Errungenschaften, riesige medizinische Fortschritte, Katastrophenorganisationen, ständige Bereitschaft, etc. und speziell dem Schlagwort «künstliche Intelligenz»?
Der Mensch sollte sich gehörig schämen!

Wegen eines winzigen Virus mit ca. 0,0001 mm Grösse, das nicht einmal eine einzige Zelle hat, das keine Beine und Flügel hat, das auf einen Transport (via Wind, Luftströmung, Finger, etc.) in die Nase oder Mund eines Menschen angewiesen ist und erst Leben entwickelt, wenn es in eine Zelle eines Menschen oder Tieres eindringen kann, fällt die ganze Erdkugel in Panik. Man kannte ja andere Corona-Virus-Typen von früheren Pandemien. Warum wurde von staatlichen Forschungseinrichtungen nicht weitergeforscht? Weil die Politiker die Probleme der früheren Corona-Pandemien für gelöst hielten, wurde den Forschern der Geldhahn zudreht, da die meisten Politiker nicht vorausschauen, sondern nur Gegenwartspolitik betreiben. Wegen diesen Fehlentscheiden wartete man ein Jahr oder länger auf Impfungen und/oder Medikamente, sterben Millionen und haben Millionen lebenslange gesundheitliche Nachteile.

Wenn der Mensch nicht einmal dieses mehr als winzige

Corona-Virus beherrscht, warum denken dann gleichzeitig diese «intelligenten» Politiker vieler Länder an Mars-Missionen? Einige haben bereits Raketen mit entsprechender Ausrüstung für die Erforschung des Planeten Mars gestartet. Was soll dieser Blödsinn? Es gibt nichts auf dem Mars, was für die Menschheit wichtig ist. Im Gegenteil, vielleicht bringt man vom Mars neuartige Viren auf unsere Erde. Niemand will je auf dem Mars wohnen. Es gäbe im Universum genügend bessere Wohngelegenheiten, aber es fehlen die Transportmöglichkeiten. Die heutigen Raketen sind mehr als primitiv. Für die Überwindung der riesigen Distanzen benötigt man andere Lösungen. Selbst Lichtgeschwindigkeit ist viel zu langsam.
Was soll nun diese idiotische Verschwendung von Milliarden US$? Viel besser wäre die Investition dieser Milliarden in Virus-Forschung, neue CO2-freie Energie und Verkehrsmittel!

Merkt jetzt die Menschheit, was für eine klägliche Kreatur sie ist? Nein, speziell die meisten Politiker und Journalisten lernen nie etwas. Die werden schon morgen wieder alle wertlosen Halbwahrheiten wiederholen. Nehmen wir als Beispiel das Schlagwort «künstliche Intelligenz», von dem der einfache Mensch doch eine rasche Lösung des Corona-Virus-Problems erwartet hätte. Aber leider gibt es noch keine künstliche Intelligenz, die heute nur aus von normalen Menschen programmierten Programmen besteht. Vielleicht in fünfhundert oder tausend Jahren wird es eine effektive künstliche Intelligenz geben, die dann Probleme sofort löst.

2.4. Der Kollaps der Natur

Zuerst kurz etwas zur Entstehung der Erde, der Natur. Gemäss Theorie bildete sich nach dem Urknall das Universum und nach vielen Milliarden Jahren auch unser Sonnensystem. Wie genau das Leben auf unseren Planeten gekommen ist, weiss man nicht so genau – Kometen oder Blitze in der Ur-Atmosphäre. Ein Gott war dazu gar nicht nötig. Es wäre ja auch nicht logisch, wenn dieser «liebe Gott» unter anderem auch die Plagegeister der Menschheit erschaffen hätte, z.B. das Corona-Virus, Mücken, etc.
Die Natur hat sich dann bis heute selbständig weiterentwickelt, die Evolutionstheorie hat die Entwicklungen der Lebewesen studiert, aber es war ein Auf und Ab in der Natur. Es gab Phasen, die waren günstig für das Leben, dann wieder sehr ungünstige Phasen.

Ganz klar muss man feststellen, dass es heute (2022) auf der Erde nicht rosig aussieht, weder was die Natur, noch was viele andere menschliche Einflüsse anbelangt.

Es ist wahrscheinlich schon zu spät, um die Erdkugel vor einem Kollaps zu bewahren, ausser es würden Radikallösungen angewendet, die aber von fast niemandem akzeptiert werden und keine demokratische Regierung den Mut aufbringt, diese heute in die Tat umzusetzen, so dass es mit einigen Minimalkorrekturen mehr oder weniger so bleibt, wie es schon war.

Einige der natürlichen Katastrophen sind zum Teil basiert auf den Einflüssen der von den Menschen verursachten Umweltsünden, wie Luft-/Wasser-/Boden-Verschmutzungen, Ressourcenverschleuderung, etc.

Die Menschheit ist in einer kritischen Phase. Dass es bereits (fast) zu spät ist, Massnahmen zu treffen, um den Kollaps abzuwehren, merken eine grosse Anzahl der Erdenbürger nicht einmal. So wie es schwerkranke Patienten gibt, die nicht wissen, wie schlimm es mit der Gesundheit steht. Die meisten einfachen Menschen und die meisten Politiker nehmen den schwer lädierten Gesundheitszustand des Planeten gar nicht wahr, respektive wollen ihn nicht wahrnehmen.

Der Kollaps der Natur würde grossen Einfluss auf das Geschehen auf dieser Erde haben, d.h. er würde grosse Auswirkungen auf die anderen Alternativen, die in diesem zweiten Teil des Buches beschrieben sind, bewirken, d.h. auf «Die Dreiteilung der Menschheit», «Das generelle Chaos auf der Erde» und «Die extreme Reduzierung der Bevölkerung».

2.4.1. Die Ursachen

Vor Millionen von Jahren schon gab es globale Erwärmungen und globale Abkühlungen der Erde. Die Natur selber war die Schuldige der damaligen Veränderungen. Beispielsweise haben Vulkane riesige Massen an Staub in die Luft geblasen oder haben grosse, durch Blitze verursachte Brände enorme Mengen an Rauchschwaden produziert, so dass die ganze Erde von einer Staubschicht auf dem Boden bedeckt und die Luft von grossen Mengen an Staub gesättigt war.

Später kam der nomadisierende Mensch als weitere Verschmutzungsquelle dazu. Er hat ganz leise angefangen die Natur zu verschmutzen, so wie es Tiere auch machen. Dann hat sich der Mensch meistens an Seen und Flüssen niedergelassen. Sämtlicher Abfall wurde ins Wasser entsorgt und die Feuerstellen produzierten Rauch und Gase. Aber die Natur hat dies spielend verkraftet und sich selbst regeneriert. Erstens waren ganz wenige Menschen auf dieser Erde verteilt, zweitens war sämtlicher Abfall aus leicht abbaubaren Naturstoffen und drittens war das bisschen von Menschen produziertem Rauch irrelevant. Nach und nach wurden aus einer Familie an einem Flussabschnitt zuerst ein Dorf, eine Stadt und dann eine Grossstadt mit Hunderttausenden von Familien. Jetzt war natürlich die Natur überfordert. Der Fluss war und ist nicht mehr fähig, das Abwasser der Millionen von Menschen zu reinigen. Zudem ist jetzt der in den Fluss geworfene Abfall nicht mehr nur leicht abbaubare Ware. Jetzt kommen von den Menschen fabrizierte Produkte dazu, wie z.B. Gummi, Kunststoffe aller Art, chemische feste und liquide Stoffe, dessen vollständiger Abbau Jahrzehnte, Jahrhunderte dauert.

Während der letzten hundert Jahre haben sich die Parameter des Klimas beängstigend verändert. Speziell seit dem 2. Weltkrieg wurde der Raubbau an der ganzen Natur extrem stark gefördert.

Der Kollaps der Natur ist vorhersehbar, sofern die Menschheit nicht Massnahmen trifft, welche die Ressourcen und die Natur bald und radikal schonen.
Die Überbevölkerung ist das Problem Nummer eins auf diesem Planeten. Würde es gelingen, dieses Problem schnell und gründlich zu lösen, gäbe es eine schnelle Erholung der Natur und des Klimas.
Sämtliche weiter untenstehende Veränderungen der Naturelemente basieren zum grössten Teil auf der übergrossen Menge von Menschen und Nutztieren, denn die Erdkugel verträgt maximum zweihundert Millionen (im Buch «Das Paradies Virus» erwähnt), respektive ein bis zwei Milliarden Menschen (realistischere Annahme aufgrund des heutigen Wissensstandes der Technik), damit diese alle ein gutes Leben in einer nicht strapazierten Natur und Umwelt führen können. Die Überbevölkerung verschmutzt die Umwelt im Allgemeinen, verursacht eine riesige Produktion von Konsumgütern mit einem entsprechend enormen Verbrauch von Rohstoffen, von Lebensmitteln, von Energien, provoziert Kriege, ethnische Säuberungen, Hunger, Ausbeutung, geistige Unterentwicklung durch fehlende oder falsche Schulung, etc.

Die Überbevölkerung macht die Leute aus diversen Gründen krank – psychisch krank. Weil heute die meisten Menschen in dicht bevölkerten Gegenden wohnen (hauptsächlich in Grossstädten, inklusive Vororten), fühlen sich viele eingeengt. Überall hat es viele (zu viele) Menschen – beim Einkaufen, im Postbüro, im Bus, in der Bahn, auf dem Trottoir. Die

Reaktionen sind verschieden. Die einen möchten am liebsten eine Bombe werfen, andere vermeiden, wenn immer möglich, Menschenansammlungen, wieder andere verkriechen sich immer mehr. Eine grosse Mehrheit merkt diese Anspannungen nicht direkt, speziell junge Leute. Aber im menschlichen Hirn drinnen sind diese Situationen gespeichert. So passiert es relativ häufig, dass Angestellte sich gestresst fühlen, sogenannte Burn-outs sich bemerkbar machen. Fast immer wird sofort auf die Überbelastung beim Job hingewiesen, was jedoch nur zu einem sehr kleinen Anteil zutrifft. Neben der Arbeit, dem ständigen Smartphone-Gepiepse, familiären und sozialen Problemen, etc. meldet sich nun der Hirncomputer und sagt: «jetzt habe ich genug von all dem!».

Als Konsequenz der Überbevölkerung und der erhöhten Ansprüche dieser Bevölkerung benötigen wir immer mehr Lebensmittel und immer mehr Lebensmittel sind industrialisiert. Dies bedeutet:

- mehr Ackerflächen (weniger Wald)
- mehr Energieverbrauch des Maschineneinsatzes für die Vorbereitung der Böden, das Säen, die Behandlungen während des Wachsens der Pflanzen und für die Ernte
- mehr Kunstdüngereinsatz
- mehr Einsatz von chemischen Pestiziden
- mehr Energieverbrauch für die Produktion der industrialisierten Lebensmittel
- mehr Abfälle aller Art
- etc. etc.

Durch den stark wachsenden Bedarf an Lebensmitteln werden, neben vielen anderen Gebieten auf dieser Erde, die

Steppen Afrikas in Zukunft mehr und mehr für Rindviehhaltung und Getreideanbau verwendet und die schöne Natur mit den riesigen Wildtierherden in kleine Randgebiete abgedrängt.

Da die Bevölkerung mehr und feudaler isst und viele Lebensmittel schlecht verwertet oder auch wegwirft, braucht es immer mehr landwirtschaftliche Flächen, d.h. Rodungen von Wäldern. Die Lebensmittel werden immer teurer, so dass die ärmeren Schichten der Bevölkerung durch die Regierungen gefüttert werden müssen.

Die Bevölkerung will mehr Komfort, d.h. es müssen mehr Autos, Kühlschränke, Möbel, Medikamente, Schreibmaterial, Häuser, Strassen und vieles mehr produziert werden, was automatisch mit mehr Energie- und Rohstoff-Verbrauch verbunden ist.

Da das verfügbare Bauland rarer wird, bleibt keine andere Lösung als höher und kompakter zu bauen, damit die Leute möglichst nahe am Arbeitsplatz einigermassen günstige Wohnungen finden.

Ein anderer negativer Punkt der Überbevölkerung, der jedoch keinen Einfluss auf die Natur hat, ist die Zunahme der Bereitschaft für Gewaltanwendungen wegen Banalitäten unter Jugendlichen und auch vereinzelt bei älteren Semestern. Aber auch bei einigen Regionen und Ländern steigt das Konfliktpotenzial.

Schauen wir mal die Naturelemente an, die für unser Leben direkt oder indirekt sehr wichtig sind:

- **Luft:** Der Mensch braucht gute Luft für die Atmung, verschmutzt diese aber permanent und unnötig. Die Luft ist mit CO2 und anderen Gasen, neben Staub und schädlichen Mikropartikeln, je nach Ort auf dieser Erde mehr oder weniger verschmutzt. Die Verursacher sind die Menschen und die Tiere selber, dann die Motorfahrzeuge, Heizungen, Kühlungen, Landwirtschaft, Industrie, fossile Kraftwerke (Kohle, Öl, Holz, etc.), das Abbrennen von Feldern und Wäldern und – nicht zu vergessen – die Natur selber mit Vulkanen und Winderosionen.
  Ohne dass der Mensch sich bewegt, verpestet er schon allein mit seiner Atmung, seinen Ausdünstungen und Verdauungsgasen die Atmosphäre. Zusätzlich kommen noch die ebenfalls vielen Milliarden von Rindern, anderen «Haustieren» und sonstigen domestizierten und wilden Tieren dazu, welche ebenfalls enorm zur Verschmutzung der Umwelt beitragen.
  Die Mehrheit der Menschen auf dieser Erde hat nicht die geringste Ahnung, was es heisst, saubere Luft einatmen zu können. Nicht einmal Aktivitäten, welche die Luft total unnötig verschmutzen, werden eingestellt, wie Auto-, Motorrad-, Bootsrennen, Flugdemonstrationen, etc.

- **Süsswasser und Grundwasservorkommen:** Der Mensch braucht Trinkwasser zum Leben, retourniert aber vielfach das verschmutzte Wasser ungereinigt und mit viel Plastik- und anderen Abfällen angereichert zurück in den Wasserkreislauf, anstatt via Kläranlagen fast total zu reinigen. Die meisten Flüsse, welche grosse Agglomerationen durchziehen und deren Abwasser nicht gereinigt wird, sind stark verschmutzt (zum Teil eine schwarze, übelriechende Flüssigkeit), was dann auch für die nachfolgenden Seen und den Eintritt ins Meer zutrifft. Die Ausschwemmungen von giftigen Rückständen aus Düngung und Pestiziden der landwirtschaftlichen Böden ist ein chronisch vergessenes, respektive gewollt unterdrücktes Ereignis. Ein anderes Problem sind die enormen Wasserentnahmen für die Bevölkerung und für Bewässerungen, so dass es heute Seen und Grundwasservorkommen gibt, die viel kleiner sind als früher, respektive bald oder bereits ausgetrocknet sind.

- **Biodiversität:** Die Artenvielfalt nimmt bei Pflanzen und Tieren stark ab. Der Grund sind der Klimawandel, die moderne Landwirtschaft und die Beanspruchung von Boden durch Menschen und Haustiere (Vieh). Zusätzlich will der sogenannt «moderne» Mensch neben den historischen Haus- und Nutztieren auch noch Wildtiere halten, die sich eigentlich nur in öffentlichen Zoos und Parks und den natürlichen Wildgebieten aufhalten sollten.

- **Wälder und andere Pflanzen:** Die Rodungen und das Abbrennen der tropischen Wälder und von Steppen/Busch sind sehr schädlich für das Klima (Freisetzung von im Holz gespeichertem CO2, Verminderung des von den Bäumen produzierten Sauerstoffs und Veränderung des Erdwetters infolge Umleitungen der Luftströme). Dies alles, um Holz für den internationalen Handel zu gewinnen und um die landwirtschaftlichen Flächen auszudehnen, weil immer mehr Lebensmittel verbraucht und vergeudet werden.

- **Meer, Korallen, Meerfische:** Das Meer ist zum Abfalleimer der Erde verkommen. Fast aller Abfall und fast alle Abwässer werden in die Flüsse oder direkt ins Meer geworfen/eingeleitet. Die meisten Städte auf dieser Erde haben keine Kläranlagen für das Abwasser und so landet es schlussendlich ungeklärt im Meer. Auf dem Meer schwimmt Plastik in quadratkilometergrossen Inseln. Die Erderwärmung heizt auch das Meer auf. Die Menschheit isst riesige Mengen von Fisch – bei einigen Fischarten mehr als diese neu produzieren. Dazu werden auch grosse Mengen Fische für die Produktion von Viehfutter eingefangen. Das Meerwasser selber, die Korallen und die Meerfische leiden unter dieser Situation und die Folgen davon werden in Zukunft sichtbar, d.h. die Korallen sterben ab, und es stehen nicht mehr genügend Fische zur Verfügung der Menschen. Die Fischfarmen können den erhöhten Bedarf auch nicht decken, die Fische leiden dort unter verschiedenen Krankheiten, was einen grossen Bedarf an Antibiotika bringt, und was dann bei den Konsumenten der Fische im Krankheitsfall zu Resistenzen bei der Einnahme von Antibiotika führt.
  Die Meere sind verantwortlich für die Produktion von Sauerstoff (75 %), für das Klima (Entschärfung von grossen Temperaturschwankungen), für Luft- und Meeresströmungen.

- **Boden/Humus:** Der Humus wird immer schwächer. Um immer grössere Erträge zu erzielen, muss mehr und mehr Dünger, zum grossen Teil chemischer Dünger bei jeder Bepflanzung dazugefügt werden. Einige Böden sind durch die Überbeanspruchung bereits schon für die kommerzielle Bepflanzung ungeeignet, so dass immer mehr zusätzliche Bodenflächen beansprucht werden, was fast nur mittels Abholzung von Wäldern erfolgt.

- **Metalle:** Die Metalle hauptsächlich im Wasser, aber auch im Boden und in der Luft, in den Pflanzen, Tieren und Menschen nimmt zu. Wahrscheinlich sind die Allergien der heutigen Menschen darauf zurückzuführen.

- **Universum:** Selbst die nähere Umgebung der Erde ist voll mit Hunderttausenden Abfallteilen, herrührend aus der Weltraumforschung. Der grösste Teil der sogenannten Weltraumforschung war und ist total unnütz und Geldverschwendung. Erst wenn der Mensch irgendeine Art Fortbewegung im Weltall beherrscht, die unbeschränkte Bewegung ermöglicht, wird die Erforschung des Universums zu einem brauchbaren und effizienten Resultat führen.

2.4.2. Die Politik

Wer will schon auf etwas verzichten, um die Natur zu schonen? Schlussendlich sind es nur einige wenige. So aber verpuffen Unmengen von gut gemeinten Ideen für die Sanierung der Erde schon im Anfangsstadium. Zudem sind unzählige wichtige Massnahmen für die Verbesserung vieler Faktoren auf dieser Erde gar nicht so schnell und leicht durchführbar, wobei die Veränderung des wichtigsten Faktors, die Überbevölkerung, am schwierigsten ist, da man nicht mehr viel Zeit hat und eine schnelle Lösung nicht offen vorgeschlagen und diskutiert werden kann, da angeblich zu problematisch. Die Natur könnte dieses Problem am ehesten lösen.

Je nach Ausgangsbasis sind die Unterschiede gross:

Regionen, die bereits allen Luxus haben, wie schöne Wohnungen mit Heizung/Klimaanlagen, mit allen möglichen Maschinen und Apparaten, eine enorme Vielfalt an Lebensmitteln, Autos, Freizeitvergnügen und mindestens 4 Wochen Ferien pro Jahr. Darunter fallen hauptsächlich die Leute in den westlichen Ländern und die Bessersituierten in den Ölstaaten und Schwellenländern.

Was soll all dieser Luxus? Auf all den erwähnten Luxus kann/könnte man, ja sollte man im Prinzip verzichten.

- Alle diese schönen Wohnungen und Häuser sind nicht nötig, ein einfaches kleines Haus oder eine kleine Wohnung – alles aus Holz – genügt.

- Heute haben die meisten Häuser Heizungen, in gewissen heissen Ländern Klimaanlagen. Dies ist aber nicht unbedingt nötig, denn in kalten Ländern könnten die Leute warme Kleider anziehen und in heissen Ländern Kleider ausziehen bis sie nackt sind, so wie unsere Vorfahren gelebt haben.

- Die meisten Maschinen sind überflüssig, da der Mensch genügend Zeit hat für z.B. Kleider- und Geschirrwaschen.

- Essen kann man ganz einfach nur Reis oder Kartoffeln, Gemüse und maximum 30 Gramm Fleisch pro Tag/Person. Ein grosser Prozentsatz der Bewohner dieser Regionen ist ja schon übergewichtig.

- Der Arbeitsplatz soll in der Nähe sein, d.h. zu Fuss oder mit Velo erreichbar.

- Die Freizeitvergnügen kann man auf einen Sport beschränken, der nichts oder fast nichts kostet, d.h. umweltfreundlich ist.

- Die Ferien zum Entspannen und Ausruhen verbringt man am besten in der näheren Heimat.

Aber die grosse Mehrzahl der Personen dieser Regionen, inklusive diejenigen, welche die grünen Umweltparteien wählen, wollen nicht auf all diesen Luxus verzichten. Vielleicht behalten sie höchstens eine Maschine ein bis zwei Jahre länger bevor sie verschrottet wird. Dies ist dann alles, die anderen sollen verzichten.

Die demokratische Regierung eines Landes, welche den ganzen oben erwähnten Luxus verbieten würde, könnte maximal eine Woche regieren.

Dann gibt es Regionen, die noch jeden Luxus haben wollen. In grossen industriellen Schwellenländern, wie China, Indien, Brasilien, Russland (total über 3 Milliarden Menschen) kommen immer mehr Menschen in den Genuss von elektrischer Energie (Licht, Apparate, Klimageräte, etc.) und fliessendem Wasser im Haus, von Autos/Motorrädern und anderen «modernen Errungenschaften».
Auch in den übrigen weniger entwickelten Ländern drängen Milliarden Menschen in Richtung von etwas mehr Wohlstand. Wie will man diese Milliarden von aufwärtsstrebenden Menschen dazu bringen, auf den Luxus zu verzichten? Sie argumentieren natürlich zum Teil mit Recht, dass sie sich nicht vorschreiben lassen wollen, was man sein lassen sollte, was andere schon haben oder hatten.

Das Klima- und Erderwärmungsproblem ist schon sehr weit fortgeschritten. Eine einfache Lösung ist nicht in Sicht. Nur rigoroses Verzichten könnte da helfen. Aber niemand will verzichten, die anderen sollen verzichten, d.h. mit dieser Mentalität geht es in Richtung Katastrophe/Kollaps der Natur.

Vor 30 Jahren war die globale Erwärmung noch kein Thema, obwohl das Problem nicht von heute auf morgen entstand. Das Problem besteht schon seit hundert Jahren, nein, seit Hunderten von Jahren.

Die Politiker nahmen die Zeichen der Zeit, d.h. die relativ langsamen Veränderungen in der Umwelt, nicht wahr. Jetzt, wo sich die Umweltveränderungen bereits hautnah – durch Katastrophen aller Art – manifestieren, merken die Politiker, dass Handlungsbedarf vorhanden wäre!

Wie immer sind die Politiker gefordert, da das Wählervolk Massnahmen erwartet, natürlich möglichst keine, die das einzelne Individuum einschränken. So entwickeln die Politiker ein emsiges Treiben, ohne jedoch das Problem an der Wurzel zu packen. Wichtig sind publikumsträchtige Massnahmen, um bei den nächsten Wahlen flott wiedergewählt zu werden (siehe speziell die grünen Politiker in den Industrieländern!). Zu den publikumsträchtigen Massnahmen zählen z.B. autofreie Sonntage, Abschalten aller Lichter für eine Stunde etc., welche jedoch die Probleme nicht einmal im Ansatz lindern, geschweige denn lösen.

Umweltkonferenzen auf allen verschiedenen Niveaus – durch die UNO, andere Organisationen und Regierungen organisiert – sind jetzt Mode. Dort wird die Schuld zuerst auf die anderen abgeschoben.

Da alle Regierungen dieser Erde von vielen wenig Denkenden dominiert werden, lösen sie die Probleme – wie immer – nicht, sondern es wird nur Symptombekämpfung betrieben. An den Umweltkonferenzen gibt es drei verschiedene Gruppen von Ländern:

- Das Problem wird erkannt, jedoch entweder als nicht dringlich empfunden oder den Naturlaunen zugeschrieben.
- Das Problem wird erkannt und es werden dringend Massnahmen gegen die globale Erwärmung gefordert. Diese Länder fordern Massnahmen gegen die globale Erwärmung anstatt gegen die Gründe der globalen Erwärmung, weil sie selbst die Erde mit grossem Bevölkerungszuwachs und allgemeiner

Verschmutzung der Elemente Wasser, Luft und Boden zerstören.

- Das Problem wird erkannt und es werden viele (meistens idiotische) Massnahmen getroffen. Es wird versucht, das Problem mit allen möglichen Verboten und Einschränkungen zu lösen, was das Volk nach und nach total frustriert und – das Schlimmste – das Problem doch nicht eliminiert!

Klima-Konferenzen mit fast 200 Ländern werden organisiert (Kyoto, Rio de Janeiro, Kopenhagen, Glasgow, etc.). Ausser Programm demonstrieren schon Tage vorher und auch während den Monster-Konferenzen eine ganze Menge von rührigen ONG's/NGO's aller Art mit zum Teil grossen kopflosen Mitläufergruppen.

Es wird viel geredet und diskutiert. Teilweise werden sogar konkrete Beschlüsse gefasst, die sich sehr schön auf dem Papier präsentieren und an die Unmengen von Journalisten verteilt werden, so dass die ganze Erdbevölkerung am gleichen oder nächsten Tag via Fernsehen, Zeitungen, Internet, etc. über den Inhalt der Kommuniqué-Produktion der Konferenz orientiert ist.

Viele Länder präsentieren die schönsten Prozente an Kohlenstoff-Ausstoss-Reduzierung für die nächsten Jahre, obwohl sie die ganze Problematik nie richtig analysiert haben, im Voraus schon wissen, dass die Prozentziele nicht erreicht werden, jedoch bereits wissen, wie die Statistiken für die Öffentlichkeit manipuliert werden.

Beispielsweise wird eine Reduktion des Kohlenstoff-Ausstosses je Land festgesetzt, aber

- die meisten Länder halten sich nicht daran
- die meisten Länder manipulieren ihre Statistiken

Nur einige wenige – hauptsächlich die nördlichen westeuropäischen Länder – versuchen, die beschlossenen Massnahmen umzusetzen, was für die entsprechende Bevölkerung zu grossen finanziellen Opfern und starken Verlusten an Lebensqualität führt. Zudem kommt der Frust, angesichts der Nichteinhaltung der Massnahmen durch die meisten Länder und demzufolge auch der praktisch nutzlosen Übungen für eine Senkung des Kohlenstoff-Ausstosses.

Bei der nächsten Klima-Konferenz wird dann trotzdem gelobt. Hauptsächlich die Statistik-Manipulatoren werden gefeiert, obwohl das Gesamttotal der schädlichen Gase überhaupt nicht abgenommen hat.
Die bei den Uno-Klimakonferenzen und bei anderen mit sogenannt wichtigen Leuten besetzten Konferenzen beschlossenen Massnahmen zur Verminderung des Temperaturanstieges auf der Erde (kein Anstieg mehr, nur maximum ein Grad, etc. etc.) und die vielen kleinen Schritte von kleinen und grossen Organisationen zu Gunsten der Natur, werden fast keinen Einfluss mehr auf die katastrophalen Entwicklungen auf dieser Erde haben. Es wird noch wärmer werden, es werden Wälder gerodet, hier wird Dürre herrschen, dort wird es Überschwemmungen geben, es wird der Natur immer schlechter gehen, respektive die Natur versucht, sich immer stärker zu wehren.
Warum? Weil

- es viel zu viele Menschen auf dieser Erde gibt;
- es viel zu viele Nutztiere auf dieser Erde gibt;

- fast alle Menschen viel zu viel zu Gunsten der Natur reden, aber fast keine persönlichen Einschränkungen des Lebensstils annehmen wollen (beobachten sie ihre grünen Nachbarn!!);
- fast alle Politiker Klimasitzungen und Klimakonferenzen lieben (Tourismus auf Kosten der Steuerzahler), wo sie sich mit Schlagwörtern in Szene setzen können, aber fast nichts zum eigentlichen Ziel beitragen.

Im April 2021 hat der neue US-Präsident einen virtuellen Klimagipfel, eine Umwelt-Online-Konferenz für die wichtigsten Länder organisiert, um die Klimaziele zu verbessern. Jedes Land versprach das CO2 zu senken, machte zeitliche Vorgaben, aber schlussendlich wurde viel geredet. Bei vielen Ländern weiss man schon heute, dass die Vorgaben nicht erfüllt werden, was die Zeit und die Quantität angehen. Zudem war – wie fast immer – nur vom CO2 die Rede, obwohl es noch andere schädliche Gase gibt. Von Ressourcenverschleiss, Trinkwasser, Überbevölkerung und anderen Faktoren, die für die Rettung des Klimas und der Natur nötig wären, hört man fast nichts. Bei den meisten Ländern kennt man die Regierungen bis 2050 sowieso nicht, d.h. die Klimaziele der einzelnen Länder können sich im Laufe der Jahre verbessern oder verschlechtern.

Aber, wenn man das Klima/die Natur wirklich retten will, braucht es viel mehr als CO2-Reduktionen. Da nützt es nichts, wenn man die Klimaerwärmung auf maximum 1,5 Grad bringt.
Es gibt leider unter den Politikern und auch unter den engagierten Klima-/Naturschützern, inklusive den schwedischen, keinen Plan, was man alles ändern müsste, um das Klima/die

Natur wieder ins Gleichgewicht zu bringen und, was ebenso wichtig ist, wie man die Folgen irgendwelcher Klima-/Natur-Massnahmen lösen will, z.B. was macht man mit den Milliarden überflüssiger Menschen, wenn alles runtergefahren werden muss???

Ein Blick auf die Bevölkerungsentwicklung zeigt die enorme Zunahme der Anzahl Menschen in den letzten 70 Jahren:

1950 fast 3 Mia.
2020 über 8 Mia.
2050 über 10 Mia.

Praktisch keine internationale Organisation und selbst die meisten dieser rührigen Umwelt- und Naturschutzorganisationen wollen das Problem der Überbevölkerung wahrhaben. Deren Hierarchien ziehen es vor, sensationslüsterne Propagandakampagnen und Aktionen zu starten und im Fernsehen und Zeitungen das Ganze spektakulär auszuschlachten, damit der Spendersegen reichlich fliesst, um dann via enorme Saläre und Spesenvergütungen überall zufriedene Gesichter zu zeigen.

Fast niemand will das Problem der zu zahlreichen Bevölkerung wahrhaben, respektive niemand hat den Mut, dies zu erwähnen. Die Politiker ignorieren es, die meisten Religionen wollen schon gar nichts davon hören.

Fast niemand getraut sich, die Sterbe- und Suizid-Hilfe zu fördern, damit Personen, die unheilbar krank sind oder die, welche genügend gelebt haben oder genug vom Leben haben, auf anständige Art und Weise sterben können mit oder ohne direkte Hilfe vom Staat, jedoch ohne Obstruktion und/oder Bürokratie des Staates.

Jedes Land sollte Schwangerschaftsverhütungen fördern, indem die Frauen unterrichtet werden und Gratismedikamente von der Regierung erhalten.

Auch Abtreibungen sollten durch die Regierungen gefördert werden, speziell wenn vorgeburtlich Defekte am Fötus bemerkt werden.

Die Politiker haben Angst, nicht mehr gewählt zu werden, sollten sie diese heiklen Themen prioritär anfassen. Selbst grüne Politiker finden es besser, nicht davon zu reden.

Zudem liegt es in der Natur der Machtbedürfnisse von Politikern, Militärs und Religionen, dass mehr Bürger, Soldaten und Mitglieder auch mehr Macht bedeuten. Diese Kreise denken eben in Quantitäten und nicht in Qualität. Sie bevorzugen Nachläufer, Ja-Sager, nicht denkende (nicht analysierende) Bürger, anstatt in hochstehende Ausbildung der Menschen zu investieren.

2.4.3. Die «theoretischen» Lösungsmöglichkeiten

Theoretisch sind die Lösungsmöglichkeiten nicht, weil sie unmöglich ausführbar sind, sondern weil die Menschheit nicht dafür bereit ist.

Es gibt Organisationen, die sich gegen die Zerstörung von Teilen der Natur wehren. Viele dieser Organisationen unternehmen praktische Massnahmen, um der Natur zu helfen. Daneben gibt es leider Umwelt-Organisationen, welche ausser Demonstrationen, primitiven Aktionen und Schlagwörtern keine Antwort für die Sanierung der lädierten Natur haben.

Es gäbe viele praktische Lösungen für die Verbesserung der Umwelt, u.a.

- Sterbehilfe, weltweit zulassen und durch jedes Land genau geregelt.
- Weniger Kinder produzieren – die Regierungen sollten sämtliche Vergünstigungen für Kinder streichen (Kinderzulagen, Kindergelder, etc.) und keine künstlichen Befruchtungen und Leihmütter- und ähnliche Systeme tolerieren.
- Möglichst wenig fossile Energieträger und keinen Abfall verbrennen.
- nur klimafreundliche Energie produzieren.
- Bäume pflanzen, um das CO2 zu absorbieren.
- Das Auto verkaufen und sich zu Fuss bewegen.
- Nur in einer kleinen Wohnung leben – maximal 30-50 m2.
- Weniger Lebensmittel konsumieren, respektive nichts wegwerfen.
- Weniger reisen, weniger Ferien.

- Weniger Energie verbrauchen, d.h. keine nicht unbedingt notwendige elektrische Apparate und Maschinen mehr kaufen.
- Energie nur durch erneuerbare Methoden ersetzen (Wasser, Sonne, Wind). Zur Energiesicherheit ist auch eine umweltverträgliche, wirtschaftliche und mit neuesten Technologien gewonnene Energie aus Kernspaltung und Kernfusion möglich.
- Alle Rennen mit Autos, Motorrädern, Booten durch Ereignisse ersetzen, die keine fossilen Energien verwenden.
- Etc.

Es wird auch von Lösungen gesprochen, die nicht möglich sind:

- Eine Massenauswanderung von der Erde zu einem anderen erdähnlichen Planeten auf einem anderen Sonnensystem, was aber in den nächsten fünfhundert/tausend Jahren nicht stattfinden wird.
- Hoffen auf eine Hilfe von Ausserirdischen, was mehr als unwahrscheinlich ist, da die Menschen auf dieser Erde für superintelligente Wesen aus dem All viel zu primitiv sind.
- Die Entsorgung der Alten, wenn sie nicht mehr selbständig und geistig nicht mehr urteilsfähig sind, was aber von einer Mehrzahl der Bevölkerung abgelehnt wird.
- Die Sterilisierung von 90 % der jungen Generationen, um die Bevölkerung schnell zu reduzieren, was aber auch höchstwahrscheinlich verneint würde.

Alle Einzelpersonen und Organisationen, welche die Natur und schlussendlich die Lebensqualitäten auf dem Planeten Erde retten möchten, haben Recht und ihre Ideen sind analysierenswert. Aber sie alle kommen viel zu spät – Hunderte, ja Tausende Jahre zu spät. Denn wie will man jetzt plötzlich alles verbieten, obwohl man es eigentlich machen müsste, wo doch schon 8 bis 10 Milliarden Menschen auf dem Planeten leben. Erschwerend kommt dann noch hinzu, dass die kulturelle, moralische, schulische, arbeitsofferierende, finanzielle Situation der Menschen auf dieser Erde sehr verschieden ist.

Diejenigen, die irgendetwas noch nicht haben, wollen es unbedingt erwerben, sobald die finanzielle Situation es erlaubt. Diejenigen, die irgendetwas schon haben, wollen es unbedingt behalten. Man sieht, dass das Verbieten nicht so einfach ist.

In wirtschaftlich gut entwickelten Ländern ist es relativ einfach, das Benzinauto zu verbieten. Dann kauft man einfach ein elektrisches Auto, obwohl auch dieses Umweltprobleme verursacht. Aber ein generelles Verbot für individuelle Verkehrsmittel ist schwer durchzusetzen.

In wirtschaftlich noch nicht so gut entwickelten Ländern – eine erdrückende Mehrheit an Erdbewohnern – lässt sich fast niemand zu Gunsten der Natur/des Klimas von einer anderen Person in seine persönlichen Investitionen einmischen.

Kurzgefasst, die Interventionsmöglichkeiten sind nicht gross. Man kann auch z.B. folgendes vorkehren:

- Die Verkehrsmittel im Allgemeinen vom Erdöl unabhängig machen, d.h. mit Elektrizität oder Wasserstoff

fahren. Aber mit jedem motorisierten Fortbewegungsmittel mit Alternativantrieb erzeugt man auch jede Menge Schadstoffe beim Produzieren, Unterhalt, Recycling.
Elektrofahrzeuge sind nur umweltfreundlich, wenn die Elektrizität nachhaltig produziert wird (Wasser, Sonne, Wind). Benzin durch Alkohol aus Agrarrohstoffen zu ersetzen ist nicht sinnvoll, da riesige Mengen von Agrarland benötigt werden (Rodungen, Abbrennen von Wald), die Produktion wiederum viel Energie und Wasser beansprucht und umweltschädliche Pflanzenschutzmittel eingesetzt werden.

- Die Flugzeugreisen in nahe und ferne Länder teurer machen, aber dann reist man mit dem Bus, der Bahn, Schiff oder dem Privatauto, was die Umwelt auch in Mitleidenschaft zieht. Zudem hätten dann nur noch reiche Leute und Angestellte von multinationalen Unternehmen Möglichkeiten zu fliegen.

- Und wie will man die Produktion der Lebensmittel und der Medikamente einschränken? Man könnte biologisch oder im Labor z.B. Fleisch produzieren, würde aber riesige Mengen an zusätzlichem Boden für die Produktion von Proteinen benötigen, d.h. automatisch mehr Rodungen von Wäldern. Man könnte gentechnisch veränderte Samen produzieren, die einen Mehrertrag bringen würden. Aber da sträuben sich wieder viele Gentech-Verweigerer dagegen. Medikamente könnten gezieltere Wirkung haben, kosten dann aber viel mehr.

- Eine einfache und fast 100%-ige Lösung des CO2-Problems wäre die Aufforstung mit Millionen/Milliarden von Bäumen. Platz hätte es auf der Erde genug, aber die Politiker lieben keine einfachen Lösungen eines Problems.
  Mit der Lösung des CO2-Problems sind dann aber auch nicht alle Probleme gelöst, da es noch andere schädliche Gase gibt (hauptsächlich aus der Landwirtschaft) und das grösste Problem, die Überbevölkerung, ist immer noch präsent.

- Es bringt auch nichts, wenn man nur den grossen Luxus von vielleicht 10 Millionen reichen Erdenbürgern (Flugreisen, Autos, Kreuzfahrten, Jachten und Ähnliches) eliminiert, hingegen den kleinen Luxus von ca. 3 bis 5 Milliarden (Motorrad, Auto, Reisen im allgemeinen, Elektrizität, viele Kleider, nicht lokal produzierte Esswaren, etc.) aber zulässt, der viel mehr Umweltschäden verursacht, da die 500 Mal grössere Anzahl den grossen Unterschied ausmacht. Die Elimination des grossen und kleinen Luxus wäre machbar, aber politisch nicht durchsetzbar, ausser vielleicht 5 Minuten vor dem Kollaps der Natur, des Klimas. Nur ist es dann wirklich bereits zu spät.

So ca. ab der 2. Hälfte des 20. Jahrhunderts wurde – hauptsächlich in den Industrieländern – begonnen, Massnahmen gegen die verschiedenen Verschmutzungen der Erde einzuleiten. Es wurden Abwasserreinigungsanlagen gebaut, überall Rauch- und Gasfilter installiert, Kehrrichtdeponien errichtet, die Wiederverwertung von Materialien studiert, etc.

Es ist ja gut, dass etwas gemacht wird und wurde. **Aber es genügt nicht**.

Ein Beispiel soll dies erläutern, wobei die verwendeten Zahlen reine und sehr grobe Schätzungen sind. Dies genügt aber, da das Beispiel nur die Verhältnisse von damals und heute ins rechte Licht rücken will:

1900 – eine Stadt von 10'000 Menschen produzierte ohne Reinigung oder Wiederverwertung z.B. je 2 kg Abwasser, Abfall und Abgase pro Person und pro Tag = 20 Tonnen total pro Tag= ca. 7'300 t pro Jahr.

Am gleichen Ort im Jahre 2020 – 100'000 Menschen produzieren je 30 kg Abwasser, Abfall und Abgase pro Tag = 3'000 Tonnen total pro Tag = 1'095'000 t pro Jahr, davon werden 80 % wiederverwendet oder gereinigt, übrig bleiben 600 t pro Tag = ca. 219'000 t pro Jahr!!

	1900	2000	**Faktor**
Anzahl Menschen	10'000	100'000	**10 x**
Abfallmenge total pro Tag/pro Person			
	2 kg	30 kg	**15 x**
Ungereinigte Abfallmenge pro Jahr			
	7'300 t	219'000 t	**30 x**

Das Beispiel zeigt, dass die heutigen Regierungen das Gefühl haben, etwas gemacht zu haben und sich damit zufriedengeben. Sie merken nicht, dass das Problem sich im Laufe der Jahrzehnte – trotz Massnahmen – verschlimmert hat.

Das Gleiche passiert mit dem Kohlenstoff-Ausstoss. Es wird bei den verschiedensten Quellen der Kohlenstoff-Produktion eingespart und es werden Resultate pro Einwohner veröffentlicht, die eine Reduktion zeigen. Dass es aber wieder neue Quellen von Kohlenstoff-Produktionen gibt, dass die Bevölkerung weiter zunimmt, dass der sogenannte «Lebensstandard» sich verbessert (auf Kosten des Klimas), dass es neben Kohlenstoff auch noch viele andere Gase gibt, welche die Luft verseuchen, etc. wird einfach verschwiegen.

Zum Beispiel hat es die Landwirtschafts-Lobby über Jahrzehnte fertiggebracht, dass (fast) niemand über die Umweltverschmutzung (Luft, Boden, Wasser) durch die Landwirtschaft redete. Dabei ist die Landwirtschaft einer der grössten Umweltverschmutzer; in vielen Ländern sogar der grösste. Vielfältig sind die Verschmutzungsquellen der Landwirtschaft:

- Ausdünstungen und Verdauungsgase der Tiere
- Medikamente gegen die Krankheiten der Tiere und Mittel für die Produktionssteigerung von Milch und Fleisch
- Chemischer und auch natürlicher Dünger
- Chemische Mittel bei den Pflanzen gegen Insekten, Pilze, etc.
- Einsatz von motorisierten Fahrzeugen
- Wasserverbrauch für die Bewässerung
- etc.

Heute leben ca. acht Milliarden Menschen auf dieser Erde. Sie verdienen ihren Lebensunterhalt, indem sie Brot, Fleisch, Autos, Motorräder, Häuser, etc. etc. für diese acht Milliarden Menschen produzieren.

Gäbe es heute nur zweihundert Millionen Menschen auf dieser Erde, würden die Menschen ihren Lebensunterhalt verdienen, indem sie ebenfalls Brot, Fleisch, Autos, Motorräder, Häuser, etc. etc. eben nur für diese zweihundert Millionen Menschen produzieren würden.
D.h. vierzig Mal weniger Menschen müssen auch vierzig Mal weniger Brot, Fleisch, Autos, Motorräder, Häuser produzieren.
Das Verhältnis bleibt sich gleich. Mit nur zweihundert Millionen Menschen wäre jedoch eine gerechtere Verteilung der Ressourcen leichter möglich und die Natur würde intakt bleiben. Die Lebensqualität würde enorm zunehmen.

Ein Argument, welches auch zur heutigen desolaten Situation auf dieser Erde beigetragen hat, ist der Glaube, dass alles quantitativ wachsen muss:

- Bevölkerung
- Alter der Menschen
- Abnahme der Kindersterblichkeit
- Autoproduktion
- Häuserproduktion
- Lebensmittelproduktion
- Etc. etc.

Viele, auch intelligente Menschen sind dieser Ansicht.

Alles könnte wachsen, aber eben nur auf qualitativer Ebene, die Quantitäten müssen sich überall stark nach unten bewegen.

Weil es höchste Zeit ist, dass Massnahmen in kurzer Zeit – sagen wir in zwanzig bis dreissig Jahren – wesentliche Besserungen bringen, sieht man nach all diesen Ausführungen ohne Zweifel nur eine einzige Alternative, um die Natur und das Klima zu retten, und das ist eine schnelle Reduzierung der Anzahl Menschen auf dieser Erde – sagen wir auf maximal zweihundert Millionen (im Buch «Das Paradies Virus» erwähnt), respektive ein bis zwei Milliarden Menschen (realistischere Annahme aufgrund des heutigen technischen Wissensstandes).

Doch der wahrscheinlichste Lösungsvorschlag der Regierenden wird eine Agonie-Lösung sein, d.h. möglichst wenig ändern und abwarten!!

2.4.4. Eine Idee aus Schweden – die andere «theoretische» Lösungsmöglichkeit

Da kommt eine Jugendliche aus Schweden mit weltweiten Anhängern und von irgendwelchen Institutionen unterstützt, welche der ganzen Erde ins Gewissen reden, was man nicht mehr tun sollte, obwohl sie selber mit grösster Wahrscheinlichkeit auch reichlich Luxus geniessen.

Recht hätten sie schon, aber wie will man 8-10 Milliarden Menschen auf einen Nenner bringen, wenn dies schon in einer Gruppe von 10 Personen schwierig ist.
Die Bevölkerung dieser Erde, ob grün oder halbgrün, sowie die Jugendliche aus Schweden mit ihren Anhängern, werden vermutlich nicht die Kraft und den Willen haben, alle nötigen Massnahmen zu akzeptieren, die für eine rasche und radikale Verbesserung der Umwelt nötig wären. Die meisten sind für alles zu haben, sofern es nicht ihre persönlichen Interessen tangiert.

Nicht nur die Politiker aller Länder, sondern alle Menschen dieser Erde müssen sich überlegen, wie die **praktische** Lösung aussehen könnte, welche konkreten Massnahmen sofort in die Wege geleitet werden müssten, was sicher alles sehr schwierig ist, speziell da man es fast überall mit Demokratien zu tun hat, wo fast jeder meint, ein Experte zu sein. Es ist sehr einfach zu sagen, dass zum Beispiel jeder nur noch öffentliche Verkehrsmittel benützen und sich mit Velos (nicht elektrische Velos) und zu Fuss bewegen darf. Doch wer setzt dies durch? Man hat die Schwierigkeiten einer Durchsetzung von Massnahmen in einer Demokratie während der Corona-Pandemie gesehen. Jeder will selber entscheiden. Die demokratischen Autoritäten haben zum Teil nicht den Mut für die Durchsetzung von unpopulären Massnahmen, weil man ja wiedergewählt werden, respektive nicht vorzeitig aus dem Amt fliegen will. Ist der Mut vorhanden, so sind dann oft die gesetzlichen Grundlagen nicht oder ungenügend vorhanden.

Um glaubwürdig zu wirken, sollte diese junge Schwedin und ihre Mitläufer zuerst bei sich selber, dann bei ihren Familien, dann bei ihren Gemeinden und Regionen und schlussendlich in ihren Heimatländern versuchen, ihre gutgemeinten Ideen voll umzusetzen, d.h. versuchen, ihre Landsleute für einen einfachsten Lebensstil zu überzeugen – ein Lebensstil, der in Schweden vor ca. zweihundert bis fünfhundert Jahren gelebt wurde – keinen Motorfahrzeugverkehr, fast keine Technik, keine Elektrizität, einfachstes Wohnen, keine Heizung (höchstens eine primitive Holzheizung), etc. Das schwedische Freilichtmuseum Skansen in Stockholm zeigt, wie man auf einfache Art und Weise leben kann.

Wenn das Experiment in Schweden gelingen würde, was zu 99,9 % unwahrscheinlich ist, könnte man dann in Europa, Nordamerika, China, Russland, Australien und dem Rest der Erde das Experiment weiterführen.

Die Schwedin soll 2018 gesagt haben: «Wir können die Welt nicht retten, indem wir uns an die Spielregeln halten. Die Regeln müssen sich ändern, alles muss sich ändern, und zwar sofort.»
Wie oben schon geschrieben, sie hat sicher und mehr als recht. Aber eben, reden ist einfacher als etwas umzusetzen. Wenn man die Erde, das Klima retten will, geht es nur mit radikalen Massnahmen. Die grosse Frage ist nur, wer mit einer radikalen Eliminierung eines grossen Teils des Wohlstandes

einverstanden ist, **inklusive weniger Arbeit, weniger Geld und wahrscheinlich auch weniger Lebensmittel?**

Wenn die junge Schwedin in der UNO, am Weltwirtschaftsforum, vor Parlamenten, bei irgendwelchen Versammlungen redet, d.h. vor wichtigen Persönlichkeiten, alles hohe Politiker, Staatsdirigenten, berühmte Leute, dann bleiben die Teilnehmer wie vom Blitz getroffen stumm, klatschen, finden alles gut, was sie sagt. Aber am nächsten Tag haben sie, inklusive die Linken und Grünen schon alles vergessen und finden es komisch, dass sie geklatscht haben. Schlussendlich fehlen aber auf der ganzen Erde die konkreten Massnahmen, d.h. die junge Schwedin hat ins Leere geredet. Einiges wird sich sicher verändern, verbessern zu Gunsten des Klimas, aber die Lösung des Problems sind diese Veränderungen nicht.

Diese Klimastreik-Demonstrationen zeigen mit grosser Deutlichkeit, dass es auf dieser Erde eine Unmenge von Personen gibt, die, **anstatt zu denken und dementsprechend zu handeln**, einfach auf den Strassen dieser Erde herumlaufen.

So löst man kein Problem, sofern man überhaupt an der Lösung des Problems interessiert ist. Viele dieser Demonstrationen haben eines gemeinsam, oben in der Hierarchie eigentlich Leute, die vielleicht fähig wären, Lösungen eines Problems anzupacken, aber aus irgendwelchen Gründen, diese grosse Arbeit scheuen. Dies, weil ihr Fussvolk entweder zu träge, zu uninteressiert, zu blöde ist. Mit solchen Leuten kann man keine Probleme lösen!

Auf der gleichen Basis wie die Schwedin, gibt es einen bekannten Ökonomisten, der das Natur-/Klimaproblem ganz einfach durch einen teilweisen Verzicht der Milliarden

Einwohner dieser Erde auf Luxus lösen möchte. Die Ideen sind gut, aber erstens akzeptieren diese Milliarden Menschen diese Ideen nicht, auch wenn es schon fünf vor zwölf ist. Zweitens ist es sehr fragwürdig, ob man nur mit einem teilweisen Verzicht es überhaupt zur gewünschten Lösung bringt. Wie soll zum Beispiel jeder dieser Milliarden Menschen zum Selbstversorger werden? Ohne massive Bevölkerungsreduzierung ist eine gute Lösung für Natur und Mensch unmöglich!

2.4.5. Die Natur wehrt sich

Wenn sich die Natur wehrt, ist dies eine Evolution der Natur. Sie will sich anpassen an neue Gegebenheiten. Das Grundproblem ist die Überbevölkerung (Menschen und Nutztiere). Als Möglichkeiten der Natur, um dies zu korrigieren, gibt es z.B.

- Viren, die zu Hundertausenden in den Säugetieren, inklusive Menschen schlummern, sich mutieren und dann aus irgendwelchen Gründen plötzlich zuschlagen, wie z.B. die verschiedenen Corona-Viren, von denen einige schon bei den Menschen grossen Schaden angerichtet haben. Jederzeit kann es wieder neue Pandemien geben, vielleicht noch schlimmere.

- Bakterien, die sich auch mutieren, um gegen die Antibiotika-Medikamente Resistenzen zu generieren.

- Pilze, die im menschlichen/tierischen Körper und in der Natur ein schlimmes Durcheinander schaffen können und gegen die wenige Medikamente effektiv wirksam sind.

- Sauerstoffmangel in der Luft durch extreme Luftverschmutzung, Verminderung der Sauerstoffproduktion aus dem Meer und von den Pflanzen, etc.

- Trinkwassermangel, trotz allen technischen Möglichkeiten, wie z.B. Süsswassergewinnung aus Meerwasser.

Neben diesen «natürlichen» Mitteln hat die Natur im weitesten Sinne noch andere wirkungsvolle Methoden, wie z.B.

Erdbeben, Vulkanausbrüche, Einschläge von grossen Meteoriten, etc., welche – je nach Stärke und Art der Katastrophen (toxische Gase in der Luft, riesige Verschmutzungen des Süss- und Meerwassers, etc.) – enorme Einflüsse auf das Leben für Teile oder sogar für die ganze Erdkugel haben können. Einschläge von grossen Objekten aus dem Weltall haben das Potential für eine Eliminierung der Menschen und höheren Tiere.

2.4.6. Wer sind die Schuldigen?

Wer ist schuld am weltweiten Klimaproblem und an der Überbevölkerung? Wie schon erwähnt, wollen die Religionen, das Militär und die Wirtschaft ein stetes Wachstum. Die meisten Religionen und die Länder mit nicht stark computerisierten Armeen forcieren das Bevölkerungswachstum und die Wirtschaft will zusätzlich ein Wachstum der Kunden und des Konsums mit möglichst viel Waren und Dienstleistungen, um Macht und Gewinn zu maximieren.

Wer sind nun die Schuldigen? Die seit Jahrhunderten Schuldigen sind fast alle Regierungen dieser Erde, inklusive der Volksvertreter, die meisten Religionen, viele Wirtschaftsfachleute und hauptsächlich alle Menschen – einfachste bis mehrbessere, denn alle wollen arbelten und Geld verdicnen. Fast alle wollen möglichst allen Luxus haben. Der Wunsch nach einer kompletten Familie mit Kindern war und ist auch heute noch sehr häufig. Parallel zu immer besseren Gesundheitsservices wuchs und wuchs die Bevölkerungszahl – fast möchte man sagen – ins Unermessliche.

Die Basis der Überbevölkerung begann schon in ferner Vergangenheit, wo Grossfamilien mit über 2-3 – ja vielfach über 10 Kindern – die Regel waren, welche bis ungefähr zum 2. Weltkrieg dauerte.

Die Generationen, welche in grossen Dimensionen angefangen haben, das Gleichgewicht auf der Erde (inklusive CO2) zu zerstören, sind die Generationen ab Ende des 2. Weltkrieges mit dem ungezähmten Konsum aller Güter (Lebensmittel, Textilien, Elektronik, etc. etc.), d.h. auch die Generation der jungen Schwedin und auch die noch

<u>**nicht geborenen Generationen, da die zu lösenden Probleme wahrscheinlich in Zukunft nur teilweise aus der Welt geschafft sein werden.**</u>

2.4.7. Die Schlussfolgerungen zum Kollaps der Natur

Die ganze Klima-/Naturpolitik ist fast nur auf CO2 konzentriert. Die meinen, wenn man CO2 auf Null bringt, sei das Klima, die Natur gerettet, was nicht stimmt.

Was fehlt ist ein sehr detaillierter, konkreter Plan, was, wo und wie man alles ändern müsste, um das Klima/die Natur möglichst rasch wieder in Ordnung zu bringen und was ebenso wichtig ist, wie man die Folgen irgendwelcher Klima-/Natur-Massnahmen lösen will, z.B. was macht man mit den Milliarden von überflüssigen Menschen??
Interessant ist, dass weder Regierungen, noch Naturschutzorganisationen und noch die junge Schwedin einen solchen Plan präsentieren. Denn Schlagwörter, wie «alles muss sich ändern» ist einfach in die Luft zu werfen, aber sensibilisieren die breite Bevölkerung nicht.

Nur bei einer sehr grossen Reduktion der Menschen (und Nutztiere) wird diese Erde wieder – ohne sie zu übernutzen – zu einem paradiesähnlichen Ort.

Sehr viele Leute (nicht nur die junge Schwedin) wissen, dass rasch etwas geschehen müsste, um die Natur und das Klima wieder zu regenerieren. Aber was? wie? und wann? ab diesem Punkt ist es schwer, eine wirkungsvolle Lösung zu finden. Eine Lösung, die alle nötigen Massnahmen trifft, ohne dass Rücksicht auf Länder, Regionen, Wirtschaftsunionen, Personengruppen, etc. genommen wird.

Da diese Lösung nicht kommt, werden die Natur, das Klima, die Umweltfaktoren, etc. kollabieren, so dass die grössten

Sünder, die Menschen und die Nutztiere, wenigstens zum grössten Teil, mitsamt den ganzen technischen Errungenschaften, von der Erde verschwinden werden. Dann fängt alles wieder von vorne an.

Dies ist schlussendlich auch eine Lösung!!

2.5. Die extreme Reduzierung der Bevölkerung

Die Überbevölkerung ist das Problem Nummer EINS auf diesem Planeten. Daher denken viele intelligente Leute darüber nach, was man dagegen machen könnte. Viele Lösungen sind vorhanden, wobei die meisten in einem demokratischen Staat nicht ausführbar sind. Die Möglichkeit, dass sich Millionen von Menschen auf einen anderen erdähnlichen Planeten in einem anderen Sonnensystem retten, ist für die nächsten Jahrhunderte oder Jahrtausende reine Illusion, und zwar wegen den Distanzen, respektive dem Fehlen von superschnellen Transportmöglichkeiten. Einfache Lichtgeschwindigkeit genügt nicht, ist viel zu langsam. Da benötigt man zehn-, hundertfache und mehr Lichtgeschwindigkeit, um sich innerhalb kurzer Zeit überall im Weltall zu bewegen, wobei neben physischer auch andere Verschiebungstechniken möglich sein müssen, z.B. rein spirituelle.

Planeten in unserem Sonnensystem sind komplett uninteressant. Viele Länder investieren in Missionen und Projekten auf dem Mond, Mars und anderen, was reine Geldverschwendung ist. Dieses Geld wäre besser verwendet für die geistige Entwicklung der Menschen und für Forschung, speziell in den Bereichen Gesundheit, CO2-freie Energie und Verkehrsmittel, biologische Dünger und Pestizide.

Da vorläufig andere Planeten in anderen Sonnensystemen als Lösung für die Überbevölkerung auf dieser Erde wegfallen, bleibt nur eine physische Reduzierung der Erd-Bevölkerung, was die beste Lösung für fast alle Klima-/Natur-Probleme dieser Erde wäre:

- Die Natur/das Klima würden sich von selbst wieder schnell in ein akzeptables Gleichgewicht bringen.
- Die Natur (Luft, Wasser, Boden, Wälder, Tiere, Seen/Flüsse, Meer, Pflanzen) würde sich in kurzer Zeit erholen.
- Konflikte gäbe es sicher weniger, da mehr Platz für alle vorhanden und die noch vorhandene Bevölkerung mehr aufeinander angewiesen wäre.

2.5.1. Möglichkeiten der Reduzierung der Bevölkerung

Diese Option könnte eintreten, wenn z.B. eines oder mehrere der folgenden Ereignisse stattfinden würden:

- Die Natur extrem stark kollabieren würde, d.h. wenn z.B. der Sauerstoff in der Luft stark abnimmt, wenn toxische Gase sich verbreiten, wenn zur Verfügung stehendes Trinkwasser und genug Lebensmittel fehlen, etc. (siehe «2.4. Der Kollaps der Natur»!).
- Kriege auf der ganzen Erdkugel.
- Von Menschen produzierte Ereignisse stattfinden würden mit dem klaren Ziel, die Überbevölkerung resolut zu beenden – Viren, Bakterien, Pilze, etc.
  Diese Möglichkeit ist in meinem Buch «Das Paradies-Virus» als Fantasie-/Science Fiction-Erzählung beschrieben, bei der die geplante Aktion von der Direktion einer Organisation intelligenter Menschen (im Jahre 2037) in die Wege geleitet wird, wobei 98% der Bevölkerung innerhalb von ein paar Tagen wegen des Virus total schmerzfrei eintrocknen und zu Staub werden. Die Überlebenden – ca. zweihundert Millionen Menschen, selektioniert nach verschiedenen intelligenten Überlegungen – sind vorgängig – ohne es zu wissen – bei Mitgliederkongressen unbemerkt gegen das Virus geimpft worden.
  Diese Lösung ist brutal, aber wenn man z.B. die Auswirkungen des Kollapses der Natur (Erstickungstod der Menschen) mit der schmerzfreien Reduzierung der Bevölkerung vergleicht, ist diese Reduzierung sicher humaner.

Durch die bewusste Selektion der Überlebenden

bleibt die Technik/Wissenschaft erhalten und Frieden/tolerante Mentalität/Freiheit/Zufriedenheit werden wieder zurückkehren. Die Natur mit der sehr kleinen Bevölkerungszahl würde sich langsam wieder den ursprünglichen Platz auf der Erde zurückerobern.

Sollte jedoch eine kriminelle Organisation auf diesen Gedanken kommen und die Initiative ergreifen, dann ist die Lösung vielleicht gut für den Planeten Erde, aber wahrscheinlich katastrophal für die geistige Entwicklung der Menschheit der letzten paar Hundert Jahre.

Werden nur ein paar Hunderttausend oder noch weniger überleben, fällt die ganze Infrastruktur erdweit zusammen, d.h. die Stromversorgung bricht früher oder später zusammen, da niemand mehr da ist, der die Wartung und Überwachung übernimmt.
Die Lebensmittelproduktion wird – nach dem Verzehren der vielen Reserven aus den grossen Lagern und den enormen Tierherden – langsam manuell als Selbstversorger aufgebaut.
Wasser ist genügend vorhanden, wird aber meistens nicht mehr ins Haus geliefert.
Die Abwasserreinigung kann entfallen, da die Gewässer die kleinen Mengen ohne Probleme absorbieren.
Die Natur wird sich in ein paar Jahrzehnten, vielleicht schon früher total erholt haben. Die Menschen leben auf dem einfachsten Niveau der Vergangenheit. Alle sind wieder Jäger und Bauern. Die simpelsten Gerätschaften müssen mit grosser Mühe und Anstrengung neu erfunden und – was noch schwieriger ist – produziert werden.

Bis sich die Menschheit dann wieder auf dem heutigen Stand der Wissenschaften befindet, werden Tausende von Jahren vergehen. Zu hoffen wäre, dass nicht mehr die gleichen Fehler auf dem Wege dahin gemacht werden.

* * * * * * * * * *

Nachwort des Verfassers dieses Buches

Als Nachwort möchte ich erwähnen, dass es gemäss meinem Buche und gemäss der Realität auf dieser Erdkugel immer Gewinner und Verlierer gibt, und dass meistens die Gewinner immer Gewinner und die Verlierer immer Verlierer sein werden.

Mehr braucht man nicht zu erwähnen. Es ändert sich sowieso nichts Wesentliches.

Kommentare und Kritik bitte an die untenstehende E-Mail-Adresse senden:

buecher.schnarwiler@bluewin.ch

(schnarwileralbert@bluewin.ch)

Lesen Sie meine anderen Bücher (siehe Vorwort 2) (ausleihbar bei der Zentral- und Hochschulbibliothek Luzern)

- **Der geistige Kannibalismus**, Fischer Verlag
  ISBN 978-3-8301-1034-7
  (Unsere Zeit wird geprägt von Geistlosigkeit, von Desinteresse und Leichtgläubigkeit. Die Menschheit wird in Analytiker und Geistkrüppel eingeteilt).

- **Das Paradies-Virus**, BoD Verlag
  ISBN 978-3-7322-6257-1
  (Im Jahre 2037/2038 schlafen 98 % der Erdbevölkerung sanft ein und werden etwas frühzeitig zu Staub).

* * * * * * * * * *